大党魅力

推动民族复兴的伟大力量

张燕　周书焕◎主编

红旗出版社

红旗出版社
RED FLAG PRESS
推动进步的力量

图书在版编目（CIP）数据

大党魅力 / 张燕，周书焕主编. -- 北京 : 红旗出版社，2020.1
ISBN 978-7-5051-5117-8

Ⅰ. ①大… Ⅱ. ①张… ②周… Ⅲ. ①中国共产党－党史－研究 Ⅳ. ①D23

中国版本图书馆CIP数据核字（2020）第017099号

书　　名　大党魅力
编　　著　张　燕　周书焕

责任编辑　朱小玲　　　　封面设计　张合涛
责任印务　郝　旺　　　　责任检校　武环静
出版发行　红旗出版社
地　　址　北京市沙滩北街 2 号　　　　邮政编码　100727
　　　　　杭州市体育场路 178 号　　　邮政编码　310039
编 辑 部　0571-85310198　　　　发 行 部　0571-85311330
E-mail　rucdj@163.com
图文排版　北京时代华语国际传媒股份有限公司
印　　刷　北京盛通印刷股份有限公司
开　　本　690 毫米 ×980 毫米　　1/16
字　　数　200 千字　　　　印　　张　15
版　　次　2020 年 12 月北京第 1 版　　印　　次　2021 年 2 月北京第 2 次印刷
ISBN　978-7-5051-5117-8　　　　定　　价　48.00 元

目录
CONTENTS

一、民族复兴大任为什么会历史地落到中国共产党的肩上

中国共产党成立百年，连续执政 70 多年，这在世界政党史上都很罕见。中国共产党为什么能够让中华文明在现代化进程中焕发出新的蓬勃生机？为什么能够让科学社会主义在 21 世纪焕发出新的蓬勃生机？为什么能够创造出人类社会发展史上惊天动地的发展奇迹，使中华民族焕发出新的蓬勃生机？让我们回顾中国近代以来的历史，从历史中找寻这些问题的答案，领悟中华民族复兴的大任落在中国共产党肩上的历史必然性。

民族危机日趋深重

中国是一个有着五千多年悠久历史的文明古国，在几千年的历史发展中，勤劳勇敢的中国人借助着自己的聪明才智和不懈努力，创造了让世界为之惊叹的无数人类奇迹，形成了独具中国特色的东方中华文明。

然而，1840 年以降，中国并没有能够继续东方古老国度的文

明辉煌，不仅如此，由于清朝政府的大门被西方列强打破，中国开始丧失独立自主的主权国家地位，逐渐由封建社会沦落为半殖民地半封建社会。在西方帝国主义的侵略和掠夺下，近代的中国山河破碎、生灵涂炭，中华民族遭受了前所未有的苦难。

鸦片战争：由强盗逻辑引发的战争。

中国近代民族危机开始于 1840 年的鸦片战争。

英国是世界上工业革命最早的国家，也是世界上老牌殖民国家之一。为了发展资本主义经济，以英国为代表的资本主义国家不仅残酷掠夺本国广大劳动人民，增强资本的原始积累，还不断对外侵略扩张，用洋枪洋炮拓展着其发展资本主义所需要的国际市场。

面对西方殖民主义的侵扰，清朝政府实行了更加严格的海禁政策。1757 年，清政府不仅关闭了江苏、浙江、福建三处口岸，还规定外商只许在广州一处同中国人进行商品买卖。之后，又陆续颁布了一些限制外国人在华活动的禁令。根据这些禁令，以英国为代表的资本主义国家很难拓展中国的市场，再加上中英贸易中，中国的丝绸、茶叶、瓷器等商品很受西方国家人们的欢迎，而在自给自足的中国社会中，西方国家的商品销售量很小，受此影响，在中英贸易中，英国总是处于入超状态。

为了改变这种极为不利的局面，英国竟无耻地向中国输入鸦片，进行非法的鸦片走私贸易。鸦片的输入打破了中国对外贸易的优势，中国的白银大量外流。据统计，鸦片战争后的前 20 年里，中国外流白银达 1 亿两左右。不仅如此，鸦片的输入还严重伤害了中国人的身心健康，更为严重的是，许多官兵吸食鸦片造成军队战斗力丧失，危及整个国家的国防安全。

清朝政府为了改变“兵弱银涸”形势，维护国家和民族的利益，派林则徐到广州查禁鸦片，严惩不法烟贩。1839 年 6 月 3 日，林则徐下令将收缴的鸦片约 237 万多斤在虎门海滩当众销毁。虎门销烟沉重打击了英国的鸦片贸易，表明了中华民族维护民族尊严和反抗外来侵略的坚强意志。

然而，英国不甘心在中国鸦片贸易的失败，竟无耻地发动了鸦片战争。根据英国的说法，英国发动鸦片战争是为了争取中英国家间贸易的“平等”，这是一种强盗逻辑。胡绳指出：“强行进入一个独立的主权国，不论这个国家有权自行规定自己的对外政策和对外贸易制度，企图用武力来取得在这个国家中为所欲为的地位，而称这为要求‘平等’，这是十九世纪的作为世界霸主的英国资产阶级的强盗逻辑。”①

20 世纪美国著名的外交家、前国务卿基辛格把鸦片战争称为“两种世界秩序的冲突。”② 在基辛格看来，两千多年的封建制度造成了中国封建政府自视为天朝大国的扭曲认识，面对即将到来的战争危险，有清廷官员上书皇帝说：“英夷乃一渺小可憎之族，

① 胡绳：《从鸦片战争到五四运动》，人民出版社 1981 年版，第 35 页。

② [美]亨利·基辛格著，胡利平等译：《论中国》，中信出版社 2012 年版，第 39 页。

惟恃其船坚炮利耳。然远道而为，必无新鲜食品接济。兵卒既无粮草，一败即士气顿挫，惶然不知所措。”当时许多朝廷官员想当然地认为，英国距离中国非常远，他们不会轻易侵略中国，充其量也只是说说而已。然而，中国人并不了解，他们面对的是一个最早经过工业革命日益强大起来、骨子里浸透了征服欲、试图建立日不落帝国的国家。

诚然，我们也必须承认，由于不了解中国的实际情况，在面对疆域广大、人口众多的世界大国——清王朝时，英国一开始还是非常谨慎的。为了解决贸易逆差问题，打开中国门户，按照英国的意愿建立一种全新的世界秩序，英国政府派遣马嘎尔尼率团访华，这是英国人试图改变现状的首次重大尝试。其首要目的在于争取中国开放沿海更多的通商口岸，而非仅仅广州一地。然而，面对马嘎尔尼带来企图向清政府炫耀的洋枪洋炮、望远镜、热气球等工业发明，清朝官员却表示，“看亦可，不看亦可”，表现出了极大的不屑。基于这种情况，马嘎尔尼断言：一旦中英开战，英国政府只要出动两艘军舰，不出一个月，就可以打败清朝有名无实的海军。

事实不幸被马嘎尔尼言中。战争开始时，英国所谓的“远征军”一共才有十六艘兵船，四艘轮船，还有若干艘运输船，全部兵力为五千人。即使到了战争后期，也才有兵船二十五艘，轮船十四艘，除炮兵外，步兵一万人。由于抽出部分兵力分驻香港、厦门、定海和镇海，向南京进军的兵力不过七千多人。在当时交通条件下，从英国本土航行到中国，至少要四个月。从印度到中国至少要一整月。用少数的兵力，侵入一个遥远的大国，这本来是一种海盗劫掠式的冒险行动。[①]

然而，清政府在鸦片战争中确实是失败了，不仅要割让香港岛给英国，赔款2100万银圆，还要按照英国的要求开放广州、福州、厦门、宁波、上海五处为通商口岸，同时实行协定关税，取消清政府同英国之间的贸易限制。鸦片战争是西方列强大规模入侵中国罪恶历史的开始。

1856年10月，英法分别以“亚罗号事件”和“马神甫事件”为借口，一起发动了第二次鸦片战争，逼迫清政府先后签订了丧权辱国的中英、中法《天津条约》和《北京条约》。沙俄、美国等帝国主义国家也强迫清政府签订了一系列不平等条约。第二次鸦片战争的失败，使中国丧失了大片国土和更多的主权。从此，外国侵略势力开始从沿海深入到内地，中国开始步入了半殖民地半封建的社会。

中法战争：不败而败的战争。

如果说，两次鸦片战争是被打败的，那么，1883年12月至1885年4月的中法战争则是不败而败的战争。在镇南关一役中，老将冯子材率部击毙法军近万人，重伤法军将领尼格里，法军全线崩溃，这就是威震中外的镇南关大捷。法国茹费理内阁因此下台。然而，清军的取胜换来的却是《中法会订越南条约十款》，使中

---

① 胡绳：《从鸦片战争到五四运动》，人民出版社1981年版，第45—46页。

国不败而败。

之所以会不败而败，一是法国战争的非正义性引起了法国国内人民的不满和中国人民的坚决抵抗；二是英德等国的出面干涉，他们之所以干涉，并非是出于对中国的好意，而是因为他们既不愿意法国因为战争胜利而在中国得到过多的利益，又害怕战争造成清朝统治的严重危机，最终影响和损害到他们的在华利益；三是清朝政府内部的乞和。在战争进行期间，英国人金登干受赫德指使，竟然成了清政府向法国政府进行和谈的全权代表。清朝重臣李鸿章主张，只要法国能多少给清政府一些面子，就要主动与法国政府进行和谈，在他看来，如果战争进行下去，清政府将很难收拾局面。更为可笑的是，派到巴黎的英国人竟然取得了中国代表资格。此时的中国，在英法等西方列强眼中，根本算不上一个真正意义上的国家，正是在这种情况上，清政府打了一场不败而败的战争。

中日甲午战争：被东方小国打败的战争。

中日甲午战争后，战败的清政府被迫与日本签订了丧权辱国的《马关条约》，这是自鸦片战争以来对中国影响至深的卖国条约。在这个条约中，规定清政府向日本赔款 2.3 亿两白银，相当于当时日本 4 年半的收入，使台湾长期沦为日本的殖民地，严重损害了中国的领土主权完整；同时，还使帝国主义向中国资本输出“合法化”，进一步强化了对中国财富的掠夺。

作为这场战争的亲历者，吴玉章曾在回忆录中这样写道：“这真是空前未有的亡国条约！它使全中国都为之震动。从前我国还只是被西方大国打败过，现在竟被东方的小国打败了，而且失败得那样惨，条约又订得那样苛刻，这是多么大的耻辱啊！……我还记得甲午战败的消息传到我家乡的时候，我和我的二哥曾经痛哭不止……我们当时悲痛之深，实非言语所能表述。”

更为严重的是，中日甲午战争，西方列强掀起了瓜分中国的狂潮，使民族危机空前加强。爱国人士、兴中会会员谢缵泰 1898 年在香港报纸上发表的漫画“时局图”，非常形象地说明了帝国主义对中国瓜分的事实。从此，中国社会的半殖民地半封建程度大大加深了。

八国联军侵华：使清政府成为“洋人的朝廷”的战争。

1900 年，八个帝国主义国家联合入侵中国，这在世界历史上还是第一次。

面对帝国主义国家的入侵，慈禧太后仓皇离京出逃。为了自己的利益，帝国主义国家不仅没有让中国割地，还保留了以慈禧太后为首的腐败清王朝。这更让慈禧太后感激涕零，在她看来，这次帝国主义国家“不侵我主权，不割我土地”，清朝政府必须“量中华之物力，结与国之欢心”，她卖国求荣的丑恶嘴脸暴露无遗。

然而，帝国主义毕竟是帝国主义，他们入侵中国是为了从中国攫取更多的利益。这从《辛丑条约》中可以清楚地看出来。帝国主义列强们提出，清朝政府必须对他们出兵中国的费用和他们在中国造成的所谓“损失”负责，这就是要进行“赔款”。从赔款数额来看，赔偿帝国主义国家白银四亿五千万两，要求清朝政府在四十年内还清，再加上赔款的利息，本息共计九亿八千万两。相当于当时清朝政府至少十二年的财政收入总额。巨额赔款成了套在中国人民头上的沉重锁链。

从此以后，中国“已经达到了一个国家地位非常低落的阶段，低到只是保持了独立主权国家的极少的属性的地步”①，成了“洋人的朝廷”。八国联军侵华后，中国完全陷入了半殖民地半封建社会的深渊。

各种救亡运动破产

鸦片战争后，中国陷入了内忧外患的悲惨境地，中国战乱频仍、山河破碎，广大人民苦难深重。“四万万人齐下泪，天涯何处是神州。”这表达了近代中国人共同的心声。

哪里有压迫，哪里就有反抗；压迫越残酷，反抗就越强烈。面对民族危亡，中华民族没有低头，中国人民没有屈服，无数仁人志士为了民族复兴、国家富强，不屈不挠、前仆后继，进行了可歌可泣的斗争，谱写了一曲曲惊天动地的史诗。

农民运动：来自底层的自发反抗。

在鸦片战争中，面对穷凶极恶的英国侵略者，广州三元里人民自发组织广州北郊附近 103 乡的农民，打击英国侵略者，打死

① 胡绳：《从鸦片战争到五四运动》，人民出版社 1981 年版，第 641 页。

打伤侵略军约50名，充分显示了中国人民保家卫国、反抗侵略的坚强意志，高高举起了近代中国人民反侵略斗争的第一面大旗。

太平天国运动是中国开始进入半殖民地半封建社会的历史条件下爆发的一场空前规模的农民革命战争。太平天国农民运动斗争的矛头不仅是外国侵略者，还有腐朽没落的清王朝。

太平天国农民运动从制度上描绘了它所要建立的理想国家和社会蓝图。在经济上，否定了封建土地所有制，颁布了具有纲领性的文件《天朝田亩制度》，实行新的平分土地制度，提出了“凡天下田天下人同耕”的基本原则，反映了农民阶级反对封建土地制度和希望获得土地的心声和愿望；政治上，建立了自己的政权体系，设立了军政合一的乡官制度；在社会生活上，主张男女平等，禁止女子缠足；军事上，太平天国组织了强大的农民革命武装——太平军，注重军队的纪律教育和严格的军事训练，还实行奖励战功政策，保证了太平军的战斗力。

特别值得一提的是，太平天国颁布的《天朝田亩制度》，虽然“这个图案的确画得十分粗糙，但其轮廓却也十分清楚。这是一幅交织着现实和幻梦，交织着彻底的斗争性和不切实际的空想的图画。这里既有由革命的烈火燃起来的大胆的想象，又充分暴露了小生产者的狭隘的实际主义；既闪耀着历史的远见，又覆压着旧时代的深重的阴影”。[①]

① 胡绳：《从鸦片战争到五四运动》，人民出版社1981年版，第123页。

太平天国农民运动坚持了14年，势力发展到18个省，先后占领了600多座城市，建立了相对稳定、能够与清王朝相对峙的农民革命政权，不仅英勇抗击了外国侵略者，还深重打击了清王朝的反动统治，更为重要的是，它还对半殖民地半封建社会的中国的出路进行了可贵的探索，为后来的反帝反封建的民主革命提供了经验。在这个意义上，太平天国农民运动虽然最后失败了，但它却是中国农民运动发展的最高峰。

义和团运动是近代中国又一个以农民为主体的反帝爱国运动，是中日甲午战争后中国人民反侵略、反瓜分斗争的深入和继续。它以“扶清灭洋”为口号，借助宗教来号召人们，具有浓厚的宗教迷信色彩，虽然具有一定的积极意义，但由于它缺乏科学的思想理论作指导，受统治者愚弄利用，最后被中外反动势力联合绞杀。

洋务运动：洋务派官僚的实力救国求富运动。

随着国门被打开，中国的民族资本主义开始缓慢地生长。为了实现国家的富强，一部分对洋枪洋炮有较为深刻认识并握有实权的封建官僚，走上了办洋务的道路，他们希望学习西方资本主义国家的长技，以达到求强求和威天下、御外侮的目的。这部分官僚在中国近代史上被称为洋务派。

他们主张学习西方的现代科学技术，引进近代以机器生产为中心内容的“求富”。洋务派着重创办两类工业。一是军事工业，以1861年曾国藩创办安庆军械所为起点，到19世纪90年代，先后办了19个军工厂，这些工厂采取官办形式，普遍采用机器操作；

二是民用企业，洋务派提出了寓强于富、强与富相因的口号，在开办军事工业的同时，还举办了采矿、冶炼、纺织、航运等民用企业，采用官办、官督商办、官商合办三种形式，先后创办了大约 20 多个民用企业。

洋务运动虽然试图通过发展军工业和民营企业来实现国家富强、抵御外侮的目的，但由于洋务派与外国资本主义和本国封建势力既有矛盾，又有着千丝万缕的联系。西方列强利用在华的种种特权，排挤中国民族工业，因为，“帝国主义列强侵入中国的目的，决不是要把封建的中国变成资本主义的中国。帝国主义列强的目的和这相反，它们是要把中国变成它们的半殖民地和殖民地。”[①] 与此同时，民族资本主义的发展与封建经济格格不入，甲午战争之前，民族企业始终没有得到清政府的正式承认，加上封建苛税厘金等因素的制约，民族资本主义始终处于被压抑的地位。在甲午战争中，李鸿章一手创建、号称亚洲第一的北洋水师却在甲午海战中被日本联合舰队轻易打败，几乎全军覆没。历史事实说明，不触动封建专制制度，离开了先进思想的指导，单纯依靠封建官僚进行的洋务运动，单纯依靠器物的改变是不可能实现国家求富变强的目标的。

百日维新：维新派的救亡努力。

戊戌维新是中国民族资产阶级上层发动的一次救亡图存的政

---

① 《毛泽东选集》第二卷，人民出版社 1991 年版，第 628 页。

治改革运动，也是一次思想启蒙运动。它标志着中国资产阶级作为新的政治力量开始登上了中国的历史舞台。

戊戌维新运动首先是从思想启蒙开始的，康有为是这场启蒙运动的倡导者和领导者。康有为出身封建官僚家庭，早年受到系统的封建文化教育。但是，西方列强的入侵和中华民族的危亡给他的心灵带来极大的震动，他开始怀疑自己潜心苦读的封建传统文化。1879 年，他在香港、上海等地开始接触资本主义新生事物，阅读了大量有关西方政治制度和自然科学知识的书籍，感到资本主义制度比中国封建制度先进和优越，于是主张学习西方，希望借此改变中国贫穷落后、受人欺侮的局面。1888 年，他痛感民族危机的加深，强烈要求改革中国的现状，上书光绪皇帝，提出了“变成法、通下情、慎左右”的主张。1891 年，康有为在广州设立“万木草堂”学馆，开始讲学，传播维新思想。与此同时，他还写了《新学伪经考》《孔子改制考》，主张用西方资本主义的进化论和自由、平等的学说为武器，改革传统的封建文化，宣传变法的政治主张。

1895 年 4 月，康有为在京会试期间，听到了清政府被迫同日本签订《马关条约》的消息，于是发动参加会试的 1300 多名举人联合上书光绪皇帝，痛陈条约签订可能给中国带来的严重后果，提出了“拒和、迁都、练兵、变法”的主张，要求光绪皇帝实行富国、养民、教民之法。这就是历史上有名的“公车上书”。此后，康有为又连续多次上书，并领导维新派同清政府内部的顽固派就“要不要变法、要不要兴民权、要不要废八股兴西学”

进行了激烈的论战，推动了维新变法运动的发展。

1897 年 11 月，德国强占胶州湾，全国震怒。康有为上书光绪皇帝，如果再不变法自强，“皇上与诸臣求为长安布衣而不可得矣”。1898 年 6 月 11 日，光绪皇帝颁布了“明定国是”诏，宣布变法，从政治、经济、文化教育和军事等方面进行改革。这些措施有利于资本主义的发展，把维新运动推到了高潮。

然而，变法措施触动了封建顽固派的利益，9 月 21 日以慈禧为首的封建势力发动政变，囚禁光绪皇帝，宣布由她“临朝训政”，并下令逮捕康有为等人，罢免主张和参与维新的官员，新政措施全部被取消。从 6 月 11 日开始宣布变法到 9 月 21 日，共计 103 天，史称这次变法为“百日维新”。

被称为“秀才造反”的维新变法之所以失败，是因为维新派不想彻底推翻封建专制制度，又不敢触动帝国主义在华利益，幻想依靠没有任何实际权力的光绪皇帝、通过和平方式进行自上而下的改革，以实现中国的变法图强。维新变法的历史经验说明，在半殖民地半封建的中国，在内有封建势力外有帝国主义列强的政治环境中，单纯依靠政治上十分软弱的资产阶级，幻想走和平改良的道路，在中国是根本行不通的，必须抛弃和平幻想，寻找其他道路。

辛亥革命：民族资产阶级建立资产阶级共和国的尝试。

“百日维新”的失败并没有吓倒革命的先行者们。以“洪秀全第二”自许的孙中山，不仅是一个伟大的爱国主义者，也是一个伟大的民主主义者。青年时期，他希望清政府效法西方，发展工商业，1894年他还上书李鸿章，希望用和平、改良办法改造中国。这些努力都无果而终，他感到极度苦闷。中国在甲午战争中的失败，使孙中山最终放弃了对清政府的幻想，结束了思想上的徘徊，走上了革命道路。

实际上，当西方列强用坚船利炮打开中国封闭了两千年的国门后，一部分先进的中国人开始用全新的眼光观察和审视外部世界。对于西方的世界，第一批睁眼看世界的人，他们既感到新奇，又受到鼓舞。1903年，一本名为《江苏》的杂志上有一段话，反映了他们的这种心情："横瞰欧美之光明政局，旁探近代之革新历史，注目于其社会，关心于其国事，每有一种葱葱勃勃伟大昌隆之气象，目击焉而心花开，耳触焉而气概扬，不知不觉间激起吾欢欣歌舞羡慕恋爱之一片良感情，跳跃于心头而不能自镇。"① 在孙中山看来，"一旦我们革新中国的伟大目标得以完成，不但在我们的美丽的国家将会出现新纪元的曙光，整个人类也将得以共享更为光明的前景"。②

应该说，以孙中山为代表的中国资产阶级民主革命者们，为了中国的民主富强，为了在中国仿效西方列强建立资产阶级共和国，不仅到处奔走呼号，还发动了一系列革命。辛亥革命是最具

① 汉驹：《新政府之建设》，《江苏》1903年第5期。

② 《孙中山全集》第一卷），中华书局1981年版，第255页。

代表性的革命行动，然而，辛亥革命最终失败了。

毛泽东指出："在一个很长的时期内，即从一八四〇年的鸦片战争到一九一九年的五四运动的前夜，共计七十多年中，中国人没有什么思想武器可以抗御帝国主义。旧的顽固的封建主义的思想武器打了败仗了，抵不住，宣告破产了。不得已，中国人被迫从帝国主义的老家即西方资产阶级革命时代的武器库中学来了进化论、天赋人权论和资产阶级共和国等项思想武器和政治方案，组织过政党，举行过革命，以为可以外御列强，内建民国。但是这些东西也和封建主义的思想武器一样，软弱得很，又是抵不住，败下阵来，宣告破产了。"①

一生致力于资产阶级民主共和国建设的宋教仁在被刺杀前一个月，还发表热情洋溢的演讲："世界上的民主国家，政治的权威是集中于国会的。在国会里头，占得大多数议席的党，才是有政治权威的党，所以我们此时要致力于选举运动。"通过选举，"我们要在国会里头，获得过半数以上的议席，进而在朝，就可以组成一党的责任内阁；退而在野，也可以严密的监督政府，使它有所惮而不敢妄为，应该为的，也使它有所惮而不敢不为。那么，我们的主义和政纲，就可以求其贯彻了。"② 事实给这些民族资产阶级的政治家以深重打击，使他们在中国建立资产阶级共和国的

---

① 《毛泽东选集》第四卷，人民出版社 1991 年版，第 1513—1514 页。

② 陈旭麓主编：《宋教仁集》（下册），中华书局 1981 年版，第 456 页。

美梦最终以破产而告终。

辛亥革命并没有从根本上改变中国半殖民地半封建社会的性质，也没有改变中国人民悲惨的境遇，终究未能改变旧中国的社会性质和中国人民的悲惨命运。辛亥革命之所以失败，是多种因素综合作用的结果。概括起来看，主要有以下几点：一是以孙中山为首的中国民族资产阶级整体力量太弱小，并且同帝国主义和封建势力有着千丝万缕的联系，正因为如此，中国民族资产阶级没有建立起一个能够真正领导这场革命并将革命进行到底的坚强有力的革命政党；二是没有能够提出一个明确、完整地反对外国帝国主义和反对封建主义及其制度的政治纲领，对中国广大人民起不到号召作用，没有形成有凝聚力和战斗力的革命队伍；三是中国民族资产阶级找不到中国革命的真正依靠力量，他们轻视、看不起中国农民，更没有广泛地发动占中国人口最多数的下层劳动群众。在鲁迅先生的小说《药》中，华老栓竟然用沾有革命者鲜血的馒头为患有痨病的华小栓治病，这不仅说明了以华小栓为代表的广大中国农民不觉悟，也说明了辛亥革命没有做农民的工作，农民们不了解民族资产阶级发动革命正是为了能够让他们过上好日子。由于没有得到广大农民的支持，导致辛亥革命最终没有达到预定的目的。正是基于此，孙中山常常告诫国民党人“革命尚未成功，同志仍须努力”。这表明，中国民族资产阶级从西方学来、希望能够在中国大地开花结果的民主共和政体却成了不结果实的花，出现了种瓜得豆的结局。“无量头颅无量血，可怜购得假共和。”辛亥革命的历史证明，资产阶级共和国方案在中国走不通！要想实现民族民主革命，必须另找新的革命道路。

然而，我们必须看到，辛亥革命虽然失败了，但它推翻了在中国有两千多年的封建帝制，是中国近代历史上第一次具有里程碑意义的大事变，使民主共和的观念深入人心。“辛亥革命砍掉了皇帝这个封建社会的‘头’，整个旧秩序就全乱了套。从此以后，从北洋军阀到蒋介石南京政府，像走马灯那样一个接一个登场，旧社会势力却再也建立不起一个统一的比较稳定的政治秩序来。”[①]更为重要的是，在民主观念日益发展的大环境中，如果有谁要逆民主潮流而动，最终必将被人民和时代所抛弃。北洋军阀袁世凯窃取了辛亥革命胜利果实，当上了中华民国临时大总统。就这还不满意，一心想当皇帝，1915 年 12 月 12 日，袁世凯复辟帝制，遭到全国人民反对，在全国人民的声讨声中，仅仅当了 83 天皇帝就不得不宣告退位，退位后三个月不到，就在全国人民的唾骂声中死去。张勋复辟更是只有短短的 12 天，被称为历史闹剧。

正是因为辛亥革命推翻了中国两千多年的封建帝制，把民主共和的观念带入中国，才为中国革命的发展奠定了思想基础。毛泽东曾说过：“中国反帝反封建的资产阶级民主革命，正规地说起来，是从孙中山先生开始的。”[②]

---

① 金冲及：《从辛亥革命到中国共产党的建立》，《党的文献》，2011 年 4 期。

② 《毛泽东选集》第二卷，人民出版社 1991 年版，第 563 页。

习近平总书记在纪念孙中山先生诞辰150周年大会上的讲话中把孙中山先生称为中华民族“伟大的民族英雄、伟大的爱国主义者、中国民主革命的伟大先驱”，他高度评价辛亥革命：“1911年，在他领导和影响下，震惊世界的辛亥革命取得成功，推翻了清王朝统治，结束了统治中国几千年的君主专制制度。由于历史进程和社会条件的制约，辛亥革命虽然没有改变旧中国半殖民地半封建的社会性质，没有改变中国人民的悲惨命运，没有完成实现民族独立、人民解放的历史任务，但开创了完全意义上的近代民族民主革命，打开了中国进步闸门，传播了民主共和理念，极大推动了中华民族思想解放，以巨大的震撼力和影响力推动了中国社会变革。”[①]

顺应时势中国共产党应运而生

资产阶级民主共和国方案在中国的破产，并没有终止中国人寻找民族出路和民族富强的脚步。毛泽东在《论人民民主专政》中指出：“多次奋斗，包括辛亥革命那样全国规模的运动，都失败了。国家的情况一天一天坏，环境迫使人们活不下去。怀疑产生了，增长了，发展了。”[②]中国人在苦闷中发出了呐喊：农民阶级不能救中国，资产阶级维新派不能救中国，资产阶级民主派也

① 习近平：《在纪念孙中山先生诞辰150周年大会上的讲话》，《人民日报》，2016年11月12日第2版。

② 《毛泽东选集》第四卷，人民出版社1991年版，第1470页。

不能救中国，到底谁能领导中国革命取得成功，求得民族独立和人民解放，实现国家繁荣富强和人民共同富裕?

习近平总书记在纪念马克思诞辰200周年大会上的讲话中指出，在近代中国，“在旧式的农民战争走到尽头，不触动封建根基的自强运动和改良主义屡屡碰壁，资产阶级革命派领导的革命和西方资本主义的其他种种方案纷纷破产的情况下，十月革命一声炮响，为中国送来了马克思列宁主义，给苦苦探寻救亡图存出路的中国人民指明了前进方向、提供了全新选择。”①

马克思主义的传播为中国共产党的成立提供了指导思想。

习近平指出：“马克思给我们留下的最有价值、最具影响力的精神财富，就是以他名字命名的科学理论——马克思主义。这一理论犹如壮丽的日出，照亮了人类探索历史规律和寻求自身解放的道路。”之所以如此，是因为马克思主义理论“揭示了人类社会发展的一般规律，揭示了资本主义运行的特殊规律，为人类指明了从必然王国向自由王国飞跃的途径，为人民指明了实现自由和解放的道路。”②

五四运动前后，中国先进的知识分子开始接触马克思主义。十月革命一声炮响，给中国送来了马克思列宁主义。中国先进的

① 习近平：《在纪念马克思诞辰200周年大会上的讲话》，《人民日报》，2018年5月5日第2版。

② 习近平：《在纪念马克思诞辰200周年大会上的讲话》，《人民日报》，2018年5月5日第2版。

知识分子从中看到了中国革命的希望。李大钊作为中国第一个举起社会主义大旗的人，热情赞扬苏联十月革命，称十月革命开辟了人类历史的新纪元，并大胆预言，“试看将来的环球，必是赤旗的世界。”1919 年元旦，他写了《新纪元》一文，在文中把十月革命称为人类历史上的新纪元，认为它将“带来新生活、新文明、新世界”，中国人应当以俄国人为榜样，走十月革命的道路。

五四运动是中国近代史上一次伟大的思想解放运动，它把民主与科学传入中国，在中国近代发展史上具有划时代的意义。作为近代中国思想解放运动，五四运动后不仅在中国兴起了一股研究新思想的热潮，还使研究和宣传社会主义逐渐成为进步思想界的主流。

随着马克思主义的传播，中国信仰马克思主义的人越来越多。尽快把作为“全部社会主义文献中传播最广和最具有国际性的著作”“从西伯利亚到加利福尼亚的千百万工人公认的共同纲领”[①]的《共产党宣言》翻译到中国，既是中国先进知识分子的迫切愿望，也是中国革命发展的客观需要。

陈望道是中国最早翻译《共产党宣言》的人。他早年留学日本，回国后积极投身新文化运动，后来受俄国十月革命的影响，开始信仰马克思主义。为了宣传马克思主义的需要，1920 年初，受上

① 习近平：《在纪念马克思诞辰 200 周年大会上的讲话》，《人民日报》，2018 年 5 月 5 日第 2 版。

海《星期评论》编辑李汉俊等人的委托，陈望道开始翻译《共产党宣言》。翻译完成后，经陈独秀和李汉俊二人校阅，当年8月在上海首次出版印刷1000本，很快售尽，当即再版，仍然售空。到1926年5月止，已经达到了重印17版之多。陈望道在翻译《共产党宣言》时，把墨汁当糖，自己却浑然不觉，正是对共产主义的执着，使他尝到了带甜味的“真理的味道”①。

然而，马克思主义在中国的传播并非一帆风顺，它不仅要防止反动当局的压制，还要同当时各种非马克思主义思想尤其是无政府主义进行论战。当时，“在起初各派社会主义的思想中，无政府主义是占着优势的”。②之所以如此，主要有三个原因：第一，马克思主义在当时的中国才刚刚开始传播；第二，中国的无政府主义者从开始时起，一直标榜自己是主张“社会主义”以至“共产主义”的；第三，无政府主义思潮在进步青年中还一度流行，毛泽东、周恩来、恽代英、邓中夏、陈延年、罗亦农等这些进步青年中的优秀分子，在追寻马克思主义的过程中也不同程度地受到过无政府主义思潮的影响。③

中国的马克思主义正是在同各种非马克思主义思想的不断斗

---

① 刘肃勇：《陈望道最早翻译〈共产党宣言〉》，《人民日报》（海外版），2005年7月5日第7版。

② 刘少奇：《感想与回忆》，《中国青年》第1卷第2期，1939年5月。

③ 金冲及：《生死关头——中国共产党的道路抉择》，生活·读书·新知三联书店2016年版，第11—14页。

争中得以逐渐传播并被先进知识分子所接受的。也就是说，中国人对马克思主义和科学社会主义的选择绝非轻松，也绝非任意，而是经过了深思熟虑、反复比较，甚至痛苦求索的过程。李维汉曾回忆他留法初期思想转变的过程："我们读了那些无政府主义和空想社会主义的书刊，对于书中描绘的社会主义和共产主义的美妙前景，对于那种没有人剥削人、人压迫人，人人劳动、人人读书，平等自由的境界，觉得非常新鲜、美好，觉得这就应该是我们奋斗的目标。有了这个目标，大家就高兴地以为找到了真理。"[①]后来，读了从法文翻译过来的《共产党宣言》《社会主义从空想到科学的发展》《国家与革命》等宣传十月革命的小册子，思想才发生很大变化，转而崇信马列主义。

马克思主义在中国的传播，犹如中国革命的指路明灯，使先进的中国人找到了革命的思想武器，正是在这个意义上，习近平指出，"马克思主义不仅深刻改变了世界，也深刻改变了中国。"[②]

五四运动使中国工人阶级登上历史舞台，为中国共产党的成立提供了阶级基础。

五四运动是中国近代史上第一次由学生、工人和其他市民直接参加的反帝爱国运动，它以彻底地不妥协地反对帝国主义和封

---

① 李维汉：《回忆五四前后我的思想转变》，《中国青年》，1959年第9期。

② 习近平：《在纪念马克思诞辰200周年大会上的讲话》，《人民日报》，2018年5月5日第2版。

建主义的姿态，把中国工人阶级推上了历史舞台。

为了挽救民族危亡，1919年5月4日，北京大学等13所大专院校的3000多名学生，齐集天安门前，高呼“取消二十一条”“还我青岛”“外争主权、内除国贼”等口号，要求惩办曹汝霖、章宗祥、陆宗舆三个卖国贼，并通过了《北京学生界宣言》。北洋政府镇压学生爱国运动，逮捕学生800多人。

这一消息传到上海，6月5日，为了声援学生的爱国运动，上海工人阶级自发举行大罢工，到6月10日，参加罢工的产业工人就有六七万人，加上学生罢课、商人罢市，使整个上海处于瘫痪状态。上海工人阶级的行动推动了全国各地的罢工风潮，斗争迅速扩展到20多个省区、100多个城市。迫于各方面的压力，北洋政府不得不释放被捕学生，罢免了三个卖国贼的职务，并放弃在和约上签字。

五四运动的胜利标志着中国工人运动已经从单纯要求改善生活条件的经济斗争转向政治斗争，已经由单一行动发展到联合行动，已经由自在的阶级转变为自为的阶级，这表明，中国的工人阶级开始以独立的社会力量和主人翁姿态登上了中国的政治舞台。这为中国共产党的成立提供了阶级基础。从此，中国民主革命开始进入一个新的阶段——新民主主义革命，标志着中国新民主主义革命的开端。

马克思主义为中国革命指明了革命道路。

空想社会主义是马克思主义的三个来源之一。空想社会主义之所以是空想，就在于只描绘了未来理想社会，但没有能够揭示人类社会发展的客观规律，没有找到实现社会理想的有效途径，最终只能是不结果实的花，难以真正对社会发展起指导作用。

马克思被恩格斯称为是一个革命家，在恩格斯看来，“斗争是他的生命要素。很少有人像他那样满腔热情、坚韧不拔和卓有成效地进行斗争”。

马克思把实现全人类的解放当成是个人毕生的使命。为了实现这一伟大目标，马克思不仅创建并领导了世界上第一个无产阶级政党——共产主义者同盟，领导了世界上第一个国际工人组织——国际工人协会，热情支持世界上第一次工人阶级夺取政权的革命——巴黎公社革命，还亲自投身轰轰烈烈的工人运动，始终站在革命斗争最前沿。

孙中山为在中国建立资产阶级共和国，领导了多次革命，其中辛亥革命推翻了在中国存在了两千多年的封建制度，但最终都失败了，一个重要原因就是没有认识到武装斗争的重要性。

十月革命的经验告诉我们，马克思主义的实现绝不是轻而易举的，要斗争就必须进行革命。同盟会最早会员之一的吴玉章回忆道：“处在十月革命和五四运动的伟大时代，我的思想上不能不发生非常激烈的变化。当时我的感觉是：革命有希望，中国不会亡，要改变过去革命的办法。虽然，这个时候我对中国革命还不可能立即得出一个系统的完整的新见解，但是通过十月革命和五四运动的教育，必须依靠下层人民，必须走俄国人的道路，这种思想在我的头脑中日益强烈、日益明确了。”①

当时，在法国留学的蔡和森1920年8月在给毛泽东的信中说：“社会主义必要之：阶级斗争——无产阶级专政。”② 毛泽东肯定了蔡和森的观点，还指出“用平和的手段，谋全体的幸福”的主张“理论上说得通，事实上做不到”。“我看俄国式的革命，是无可如何的山穷水尽诸路皆走不通了的一个变计，并不是有更好的方法弃而不采，单要采这个恐怖的方法。”③

在马克思主义广泛传播的基础上，各地建立了共产主义小组，为中国共产党的成立奠定了基础。中国早期马克思主义者是从1920年春开始酝酿建党工作的。1920年8月，陈独秀等人在上海建立了中国第一个共产主义组织，经陈独秀与李大钊商议，决定叫共产党。10月，李大钊在北京组织成立了共产党早期组织，1920年秋至1921年春，董必武、陈潭秋、包惠僧等在武汉，毛泽东、何叔衡等在长沙，王尽美、邓恩铭等在济南，谭平山、谭植棠等在广州，也建立了共产党早期组织。在日本、法国留学的学生和侨民先进分子也成立了共产党的早期组织。

这些早期共产党组织不仅研究和宣传马克思主义，同反马克思主义思潮展开论战，在工人中进行宣传和组织工作，还建立青

① 吴玉章：《吴玉章回忆录》，中国青年出版社1978年版，第112页。

② 蔡和森：《蔡和森给毛泽东》，《蔡和森文集》，人民出版社1980年版，第50页。

③ 《新民学会会员通信集》（第三集），中国革命博物馆编：《新民学会资料》，人民出版社1980年版，第148页。

年团组织。这些活动不仅促进了马克思主义的传播，还加强了马克思主义与中国工人运动的结合。[①]

鉴于中国共产党成立的条件已经具备。1921 年 7 月 23 日晚，13 位来自全国各地、口音不同、信仰马克思主义的中国人，在夜色笼罩下来到了位于上海法租界望志路 106 号（今兴业路 76 号）的一座石库门寓所里，共同干了一件后来改变中国命运，并让世界为之瞩目的大事件。这个不同寻常的大事件就是中国共产党第一次全国代表大会的开幕会。他们中年龄最大的 45 岁，最小的只有 19 岁，平均年龄还不到 28 岁。另有两位外国人也参与了这次会议。为了躲避暗探和外国巡捕的搜查，大会最后一天改在浙江嘉兴南湖的游船上举行。

说是全国代表大会，实际上当时全国只有五十余名共产党员，从规模上讲，也大概仅仅相当于现在的一个党支部。然而，这次大会的召开，宣告了中国共产党的成立。这对于中国人和中国历史来说，具有划时代的深远意义。

大会确定党的名称为中国共产党，党的纲领是“以无产阶级革命军队推翻资产阶级”，通过无产阶级专政，最终达到消灭阶级、废除资本私有制的目的。大会虽然没有明确制定出党的民主革命阶段的具体任务，但确定了实现社会主义、共产主义的奋斗目标，

---

① 龙新民、张静如主编：《中国共产党 90 年史话》，中共党史出版社、中国书籍出版社 2015 年版，第 13—14 页。

为共产党人规定了初心和使命。

1922年7月，在中国共产党第二次全国代表大会上，大会根据国际国内形势、中国的社会性质和革命性质，制定了中国革命的最低纲领和最高纲领。最低纲领是，消除内乱，打倒军阀，建立国内和平；推翻国际帝国主义的压迫，达到中华民族完全独立；统一中国为真正的民主共和国。最高纲领是，“建立劳农专政的政治，铲除私有财产制度，渐次达到一个共产主义的社会”。此外，大会还通过了党成立后的第一个党章，选举了党的领导机构：中央执行委员会，并推选陈独秀为委员长。党的二大第一次明确地提出了彻底的反帝反封建的民主革命纲领，它为中国革命斗争指明了方向，它标志着党的创建任务的完成。从此以后，在中国共产党的领导下，在马克思主义理论的指导下，中国革命的面貌焕然一新。

中国共产党的成立，使中国革命有了伟大的舵手。习近平总书记指出：“中国产生了共产党，这是开天辟地的大事变。这一开天辟地的大事变，深刻改变了近代以后中华民族发展的方向和进程，深刻改变了中国人民和中华民族的前途和命运，深刻改变了世界发展的趋势和格局。”①

习近平在庆祝改革开放40周年大会上的讲话中指出：“建立

① 习近平：《在庆祝中国共产党成立95周年大会上的讲话》，《人民日报》，2016年7月2日第2版。

中国共产党、成立中华人民共和国、推进改革开放和中国特色社会主义事业，是五四运动以来我国发生的三大历史性事件，是近代以来实现中华民族伟大复兴的三大里程碑。”[①] 正是有了中国共产党，才使中国人民取得了民族独立和国家富强，实现了从站起来、富起来到强起来的伟大飞跃。

总之，灾难深重的近代中国内忧外患、四分五裂，民族危机日趋深重，各种政治力量都奔走努力，均以失败告终。拥有先进理论武装和高度先进性的革命政党——中国共产党应运而生、脱颖而出，民族复兴的大任历史地落到了中国共产党肩上。从此，中国共产党人高举马克思主义的大旗，不忘初心，牢记使命，在中国革命、建设和改革实践中，开辟了具有中国特色的革命道路和中国特色社会主义道路，形成了中国特色社会主义理论体系，确立了中国特色社会主义制度，引领中国人民在实现中华民族伟大复兴的道路上创造了一个又一个奇迹。

① 习近平：《在庆祝改革开放40周年大会上的讲话》，《人民日报》，2018年12月19日第2版。

二、中国共产党为什么会拥有无坚不摧、无难不克的力量

习近平总书记指出："中国共产党的历史，总起来说是党团结带领人民不断把中国革命、建设、改革事业推向前进的历史，其所取得的成就与进步伟大辉煌，其所经历的困难与风险也世所罕见。"[①]为什么中国共产党会拥有无坚不摧、无难不克的力量，能够带领中国人民历经各种困难风险取得辉煌成就，实现了从站起来、富起来到强起来的伟大飞跃？马克思主义理论是其强大的思想武器，崇高的信仰是其源源不断的动力源泉，为理想而奋斗、不怕牺牲、坚持到底的精神是其强大的信念支撑。

拥有看家本领

百年来，中国共产党带领中国人民，克服了重重困难和考验，实现了民族解放，建立了新中国，使中华民族焕发出蓬勃生机，

---

① 习近平：《在中央党校2011年秋季学期开学典礼上的讲话》，《人民日报》，2011年9月2日第1版。

中国在短时间内成为世界第二大经济体，取得了社会主义建设的伟大成就。不少人不禁要问，这是为什么？为什么中国共产党能在几十年间，将一个积贫积弱，饱受西方列强欺凌的弱国变成一个现代化强国？中国共产党坚持马克思主义，把理论与实践相结合，探索了适合自身国情的发展道路是一个重要原因。

2018 年 5 月 4 日，在纪念马克思诞辰 200 周年大会上，习近平总书记强调："我们要坚持和运用辩证唯物主义和历史唯物主义的世界观和方法论，坚持和运用马克思主义立场、观点、方法，坚持和运用马克思主义关于世界的物质性及其发展规律，关于人类社会发展的自然性、历史性及其相关规律，关于人的解放和自由全面发展的规律，关于认识的本质及其发展规律等原理，坚持和运用马克思主义的实践观、群众观、阶级观、发展观、矛盾观，真正把马克思主义这个看家本领学精悟透用好。"①

"看家本领"，这是习近平总书记对中国共产党坚持马克思主义这个根本遵循的最生动、最形象的描述。马克思恩格斯给我们留下的最有价值，也是最具影响力的精神财富，就是以他们的名字命名的科学理论——马克思主义。中国共产党在领导中国革命发展的过程中，在领导中国人民进行社会主义现代化建设的过程中，坚持马克思主义这个看家本领，将马克思主义基本原理与

① 习近平：《在纪念马克思诞辰 200 周年大会上的讲话》，《人民日报》，2018 年 5 月 5 日第 2 版。

中国革命实际相结合，探索出了一条实现中华民族复兴，中国人民幸福的光明大道。创造性地开创了中国特色社会主义道路，使中国结束了近代积贫积弱、饱受欺凌的黑暗历史，使中华民族真正站了起来，屹立于世界民族之林。

在马克思主义这个看家本领的引导下，中国人民在政治、军事、外交等方面取得了举世瞩目的成就。现在的中国是联合国安理会五大常任理事国之一，是世界第二大经济体，世界第一贸易大国，世界第一外汇储备国，世界第一钢铁生产国，世界第一粮食总产量国以及世界上经济发展最快的国家之一，是世界许多国际组织的重要成员。中国经济连续 30 多年保持高速发展，至今仍保持着中高速发展水平。

中国共产党在实践中把马克思列宁主义与中国国情相结合，具体问题具体分析，不机械照搬别国模式，独立自主选择本国发展道路，开辟了有中国特色的社会主义道路。

中国共产党成立之初，中国处于半殖民地半封建社会，政治、经济、外交等社会各方面受到外国殖民主义者的控制。以毛泽东同志为代表的中国共产党人，将马克思列宁主义与近代中国实际相结合，在探索中不断前行，在经历了大革命失败的惨痛教训后，中国共产党人逐渐意识到掌握武装力量对于中国革命的极端重要性。经历了南昌起义、秋收起义的失败，毛泽东、朱德等老一辈无产阶级革命家在中国革命生死存亡的关键时刻，在马克思主义普遍真理指引下，不盲目照抄照搬苏联经验，结合敌强我弱的复杂严峻形势，不照搬俄国十月革命“由城市到农村”的做法，放弃打大城市，把部队带向了敌人力量薄弱的农村，开辟了井冈山革命道路。

工农武装割据局势的形成以及武装割据理论的提出，从理论和实践上处理好了武装革命、根据地建设以及土地革命三者之间的关系，为中国共产党的发展指明了方向。从此，中国共产党走上了符合中国国情、具有中国特色的革命道路，即农村包围城市、武装夺取政权的道路。在革命的依靠力量上，纠正了单纯依靠城市工人阶级的做法，锻造了一支以农民为主要成分的革命军队，通过三湾改编，初步解决了如何把以农民以及旧军人为主要成分的军队建设成为一支无产阶级新型人民军队的问题，保证了党对军队的绝对领导，奠定了政治建军的基础。

中国共产党依靠马克思主义，不仅取得了领导中国革命和建设的伟大胜利，同时在不断探索的过程中，也丰富了马克思主义思想，增加了新的内涵，将这个“传家宝”在薪火相传中发扬光大。《共产党宣言》里就这样写，“只要资产阶级采取革命的行动，共产党就同它一起去反对专制君主制、封建土地所有制”。基于此，中国共产党在国际共产主义运动建立统一战线方面成功经验不多的情况下，通过自己的艰辛摸索和实践，在经历第一次国共合作失败的情况下，探索实现了第二次国共合作，建立了抗日统一战线，取得了抗日战争的伟大胜利，对马克思主义统一战线理论和世界政治斗争理论做出了重大贡献。

中华人民共和国成立以后，统一战线成为国家政治生活的重要方面，中国共产党和各民主党派的联合已经日益制度化，中国共产党领导的多党合作已经成为我国的一项基本政治制度。在中国社会主义建设实践过程中，中国共产党始终坚持从群众中来，到群众中去，全心全意为人民服务。这止是对马克思恩格斯以上论述的继承以及结合中国实际的经验总结。中国共产党人在发展中国特色社会主义的过程中不断继承和发展马克思主义，实现了马克思主义中国化，才能在险恶的国际环境下，战胜一切困难，实现了中华民族的伟大复兴。

但是反观苏联，作为马克思主义最早获得巨大成功的国家，在后期的革命实践中，受西方资本主义和平演变的影响，抛弃了马克思主义指导，放弃了社会主义意识形态，造成了亡党亡国的悲惨结果，造成了 20 世纪最严重的地缘政治灾难。20 世纪 80 年代中期，由于西方国家的和平演变和苏联自身故步自封，苏联的主流意识形态僵化。作为苏联共产党领导人的戈尔巴乔夫没有从马克思辩证唯物主义出发去解决问题，而是由一个极端走向了另一个极端，由教条主义走向自由主义，推行资产阶级自由化意识形态。在“新思维”的指导下，“历史虚无主义”“人道的民主的社会主义”取代了以马克思主义为指导的社会主义，造成苏联民众以及苏联共产党员思想混乱，思想的混乱造成了行为的失控，最终导致苏联这个可以和美国抗衡的超级大国轰然倒塌、土崩瓦解。苏联解体后分裂成的 15 个国家一蹶不振，即使是继承了苏联大部分遗产的俄罗斯，经济也大不如前。俄罗斯学者亚历山大·季诺维耶夫就曾把苏联解体的原因归结为苏共对马克思主义的背叛。他说："现实社会主义的变形总是同马克思主义的教条化或对马克思主义的背弃一起开始的。这两种情况都是苏联现实社会主义所特有的。如果说在其发展的第一阶段是教条主义盛行的话，那么在其最后年代，则是苏共领导开始疏远马克思主义，并用各种各样的自由主义和改良主义思想偷换马克思主义。"①

今天，世界政治格局发生重大变化，虽然从当今时代的特征看，整个世界的面貌发生了巨大变化，但是这些变化都是表象的，从实质上看，当今时代与一百年多年前的时代并非根本不同。东欧剧变、苏联解体，目前世界社会主义运动受到严重挫折，作为曾经与美国势均力敌的超级大国，苏联的轰然倒塌可能原因有很多，包括其国内各种矛盾的发展和激化，以及西方国家和平演变战略的影响等等，但根本的一条还是苏联全盘否定和放弃马克思主义指导思想。把马克思主义教条化、脱离实践和脱离群众，使得苏联共产党背离和否定了马克思主义，放弃了在苏联共产党意识形态领域的主导地位。

我们党是用马克思主义武装起来的革命政党，马克思主义是中国共产党人的思想武器和政治灵魂。习近平总书记指出："马

---

① 郭德钦：《苏联解体：马克思主义意识形态建设上的沉痛教训》，http://www.sohu.com/a/220054893_117159

克思主义是我们立党立国的根本指导思想。背离或放弃马克思主义，我们党就会失去灵魂、迷失方向。在坚持马克思主义指导地位这一根本问题上，我们必须坚定不移，任何时候任何情况下都不能有丝毫动摇。”[①] 在新时代，中国共产党人把马克思主义基本原理同新时代中国具体实际结合起来，团结带领人民进行伟大斗争、建设伟大工程、推进伟大事业、实现伟大梦想，推动党和国家事业取得全方位、开创性历史成就，发生深层次、根本性历史变革，中华民族迎来了从富起来到强起来的伟大飞跃。这一伟大飞跃以铁一般的事实证明，拥有马克思主义这个看家本领，始终坚持马克思主义这个传家宝，发展中国特色社会主义才能实现中华民族伟大复兴！

牢记初心使命

“我是谁？我从哪里来？我要到哪里去？”这是我们经常自问的一个问题。一个国家，一个政党，同样要时刻牢记自己的初衷，清楚自己是谁，从哪里来，到哪里去。2014 年 5 月 4 日，中共中央总书记、国家主席、中央军委主席习近平在北京大学考察并发表重要讲话指出：“一个民族、一个国家，必须知道自己是谁，是从哪里来的，要到哪里去，想明白了、想对了，就要坚定不移

① 习近平：在庆祝中国共产党成立 95 周年大会上的讲话，《人民日报》，2016 年 7 月 2 日第 2 版。

朝着目标前进。”

中国共产党的初心是什么？2016 年 7 月 1 日，在庆祝中国共产党成立 95 周年大会上，习近平总书记首提初心，并就不忘初心、继续前进提出了 8 个方面要求。党的十九大，习近平总书记提出：“中国共产党人的初心和使命，就是为中国人民谋幸福，为中华民族谋复兴。”2017 年 12 月，在中国共产党与世界政党高层对话会上，习近平强调：“中国共产党所做的一切，就是为中国人民谋幸福、为中华民族谋复兴、为人类谋和平与发展。”2018 年 4 月，习近平总书记在会见联合国秘书长古特雷斯时，进一步提出“我们所做的一切都是为人民谋幸福，为民族谋复兴，为世界谋大同”[①]。

为中国人民谋幸福，为中华民族谋复兴，这是中国共产党人的初心和使命。不管在过去、现在，还是在未来，只要不忘记这个初心使命，中国人民一定会拥护、认同。2017 年 10 月 31 日，习近平总书记在瞻仰上海中共一大会址和浙江嘉兴南湖红船时指出，建党时的每件文物都十分珍贵、每个情景都耐人寻味，我们要经常回忆、深入思索，从中解读我们党的初心。

近代以来，由于西方列强的入侵和封建统治本身所固有的腐败，中华大地山河破碎、生灵涂炭，昔日的“天朝大国”逐渐沦落为半殖民地半封建社会。目睹国家危亡的状况，老一辈无产阶

① 叶子：《习近平谈初心》，《人民日报》（海外版），2018 年 7 月 4 日第 5 版。

级革命家肩负起了为人民谋幸福、救民众于水火的历史重任。

李大钊同志是中国共产主义的先驱，是为中国革命事业做出巨大贡献的无产阶级革命家，是中国共产党的主要创始人之一。1913 年 9 月 11 日在得知驻昌黎车站的日军杀害 5 名中国路警后，他异常愤慨，奋笔疾书："勿忘此弥天之耻辱，所与倭奴不共戴天者，有如碣石。"他尖锐地指出"农失其田，工失其业，商失其源，父母兄弟妻子离散茕焉，不得安其居，刀兵水火，天灾乘之，人祸临之，荡析离居，转死沟洫，尸骸暴露，饿殍横野"的悲惨生活表面上是由西方列强造成的，实际上是由军阀统治、连年混战造成的，人民是无辜的受害者。人民大众在李大钊心中有至高无上的地位，他认为执政者应时时刻刻为人民谋求幸福，国家治乱抑或政治得失的评判标准，在于人民大众自身利益能否得到保证和满足。他痛批不顾人民幸福的腐败政治，痛感辛亥革命没有真正解决中国人民的问题，认为"中国者为吾四万万国民之中国"，所以当政者应该只做"福民"的事情，而不应该做"损民"的事情，只有这样，人民对国家才会有"甘心之爱"。

在袁世凯窃取辛亥革命胜利果实后，李大钊发出"吾惟哀吾民而已矣"的呼喊。在《庶民的胜利》中，他认为俄国十月革命的胜利之所以值得庆祝，是因为这次革命是人民自己的胜利，是庶民的胜利。"夫圣智之与凡民，其间知能相去不远。彼其超群轶类者，非由时会之因缘，即在众庶之信仰。"他深刻地认识到人民群众在历史发展中的巨大力量，中国革命必须要充分发挥人民大众的力量。“苟吾四亿同胞之心力，稍有活泼之机，创造改造之业，姑且莫论，但能顺应此环境而利用之，已足以雄视五洲威震欧亚矣”“国家前途，实利赖之矣”。我们从李大钊同志发自内心的呐喊和号召中可以清晰地看出，坚定地相信人民、依靠人民，为人民谋幸福，是李大钊建党思想的基础。

李大钊同志是最早在中国介绍马克思主义、宣传马克思主义、研究马克思主义的中国共产党人的先驱。通过在中国传播马克思主义，使大批先进青年接受马克思主义思想，走上了革命道路，播撒下革命的种子。1927 年 4 月，李大钊被军阀抓捕，备受酷刑但始终严守党的秘密，大义凛然，坚贞不屈。在从容就义前，李大钊始终坚信自己的信仰，并在生命的最后时刻仍不忘传播自己的信仰：“不能因为反动派今天绞死了我，就绞死了伟大的共产主义，共产主义在中国必然得到光辉的胜利。”他高呼“共产党万岁！”英勇就义，时年 38 岁。李大钊对信仰和真理矢志不渝，为传播和实践马克思主义而英勇献身，真正体现了中国共产党为中国人民谋幸福、为中华民族谋复兴的初心。李大钊同志通过自己的行动，为中国人民指明了马克思主义的方向。

无产阶级革命家、政治家、军事家、外交家，党和国家主要领导人之一的周恩来在革命的道路上带领党和人民朝着人民幸福、中华复兴的初心前进。50 多年的革命生涯，周恩来毫无保留地把全部精力奉献给了党和人民，直到生命的最后一息。周恩来是中国共产党、中国人民和中华民族永远的榜样，是不忘初心、牢记使命的永远的榜样、光辉的榜样。周恩来几乎参与了党、国家和军队的所有重大决策，经历了党、国家和军队的所有重大事件，有高潮和胜利时的喜悦，也有低潮和挫折时的磨难，但他对伟大祖国的光明前途始终充满信心，对社会主义和共产主义的坚定信念从来没有动摇过，对为中国人民谋幸福、为中华民族谋复兴的初心始终没有改变。

早在12岁时，周恩来离开家乡来到了东北，在经过外国租界时，面对其伯父“那是外国的租借地，惹出麻烦来可就糟了，没处说理去！”的警示和“中华不振”的叹息，周恩来始终在思考“租借地是什么样的？为什么中国人不能去那，而外国人却可以住在那里？这不是中国的土地吗”等问题。在看到一名妇女的亲人被洋人的汽车撞死后中国巡警不但不惩处肇事的洋人，反而把她训斥了一顿的不正常情况，周恩来才真正体会到伯父说的“中华不振”的含义。后来就有了“为中华之崛起而读书！”的铿锵话语。“为中华之崛起而读书”，周恩来是这么说的，也是这么做的，周恩来将自己的一生都献给了为中华之崛起的伟大事业。

在革命战争年代，周恩来是中国共产党最早认识武装斗争的重要性和从事军事工作的领导人之一。在土地革命战争初期，他负责指导各个地区的农村游击战争和建立农村革命根据地的斗争，为中国革命战争的胜利贡献了杰出的军事才能。周恩来既参与领导军事战线的武装斗争，又一直是反动统治地区的地下斗争、党的隐蔽战线的主要领导人。在严重的白色恐怖的环境下，长期在反动统治地区进行地下工作和非武装斗争，面临着常人不敢想象的危险，承担着别人不敢想象的压力，但是为“为中华之崛起而读书！”的童年誓言始终没有变，为中国人民谋幸福、为中华民族谋复兴的初心始终没有变。

进入社会主义建设时期，周恩来为国家的富强、人民的幸福呕心沥血，日夜操劳。仅在工作时间上就是以分秒来计算的。周恩来没有节假日，还经常通宵达旦，甚至昼夜不眠。1968 年，胡志明到北京时，向周恩来提出一个要求，希望他能为中国人民和世界人民的利益，每天多睡两小时。周恩来的回答是——“我做不到”。据有关方面统计，1974 年 1 月到 6 月 1 日住院期间，除去在医院检查和重病休息的日子外，共 139 天。他抱病工作的情况是：9 天工作 12 至 14 小时；74 天工作 14 至 18 小时；38 天工作 19 至 23 小时；5 天工作 24 小时；只有 13 天的工作量在 12 小时以内。他以 76 岁高龄的重病之身，有 44 天工作 18 至 24 小时，是 139 天的 31%。其中有几天是连续工作不间断。直到四、五月间，周恩来 4 次因缺氧而引起昏迷，不得不于 6 月 1 日住进医院，进行手术治疗。周恩来的工作和奋斗，完全达到了忘我的境界。①

背离或放弃马克思主义，我们党就会失去灵魂、迷失方向。所以，我们党反复强调要坚守共产党人的精神家园、铸牢坚守信

① 李洪峰：《不忘初心，牢记使命的光辉榜样——纪念周恩来同志诞辰 120 周年》，中国经济网，http://views.ce.cn/view/ent/201802/27/t20180227_28263349.shtml

仰的铜墙铁壁。在坚定信仰方面，成千上万的革命勇士为我们做出了榜样。2016 年，为隆重庆祝中国共产党建党 95 周年，广东卫视联合中共中央党史研究室、中宣部学习出版社、人民日报社人民网、广东省委组织部、广东省委宣传部等单位，联合拍摄制作的 40 集大型纪录片《信仰的力量》，讲述了 1921 年到 2016 年整整 95 年里，从血雨腥风、战火纷飞的革命时期，到意气风发、激情燃烧的建设时期，再到波澜壮阔、生机勃勃的改革开放时期，中国共产党和中华民族的苦难辉煌历程，引领观众触摸中国共产党人的高贵灵魂，探讨中国共产党人在不同历史时期对信仰的追求和传承，让观众能够更深入地了解这些历史上为了信仰抛头颅洒热血的人。这些革命前辈不忘初心，坚守信仰，影响和带动着越来越多的共产党人在革命的道路上前仆后继，展现出蓬勃的生机和力量。

中国共产党的历史告诉我们，正是由于成千上万的中国共产党人牢记初心使命，为党和人民的事业矢志奋斗，中国共产党才能从小到大，从弱到强，从只有 50 多位党员，到拥有 9000 多万党员，带领中国人民取得了举世瞩目的成绩，使积贫积弱的旧中国发展成为繁荣昌盛的新中国。2017 年习近平总书记在瞻仰党的一大会址时深切地指出：“96 年来，我们党团结带领人民取得了举世瞩目的伟大成就，这值得我们骄傲和自豪。同时，事业发展永无止境，共产党人的初心永远不能改变。唯有不忘初心，方可告慰历史、告慰先辈，方可赢得民心、赢得时代，方可善作善成、一往无前。”①

为理想奋斗而牺牲与坚持到底的精神

据统计，仅自1921年7月中国共产党成立到1949年10月中华人民共和国成立的28年革命斗争岁月里，就有约370万共产党员在革命中献出了生命。一代又一代的共产党人，为实现“为共产主义奋斗终生”的入党誓词，坚定中国特色社会主义道路自信、理论自信、制度自信、文化自信，坚守共产党人的理想信念，前仆后继，义无反顾地肩负起实现中华民族伟大复兴的历史使命。百年来，无数共产党人为了这个远大理想，抛头颅、洒热血，挥洒汗水、勤奋工作。正是通过无数中国共产党人的努力奋斗和不懈拼搏，我们党完成了新民主主义革命和社会主义革命的伟大胜利，确立社会主义基本制度；团结带领近14亿中国人民阔步走在实现中华民族伟大复兴的征程上，从毛泽东同志站在天安门城楼上向世界庄重宣布“中国人民从此站起来了”，到目前跻身世界第二大经济体，全面迈入小康社会的伟大飞跃。

无产阶级革命家、革命烈士夏明翰，出身豪绅家庭，1919年，年仅19岁的夏明翰在湖南衡阳参加爱国学生运动，从此走上了爱国救国的革命道路。八七会议后，他在湖南积极宣传组织秋收起义。

---

① 习近平：《铭记党的奋斗历程时刻不忘初心 担当党的崇高使命矢志永远奋斗》，《人民日报》，2017年11月1日第1版。

1928 年 2 月夏明翰在汉口被敌人逮捕，同年 3 月 20 日，被敌人押送到汉口余记里刑场，英勇就义，年仅 28 岁。“砍头不要紧，只要主义真。杀了夏明翰，还有后来人！”这首大义凛然、气壮山河的战斗诗篇，是夏明翰被国民党反动派杀害前，在刑场上奋笔写就的共产主义战歌。这首诗不知激励了多少仁人志士、革命先烈。这首诗充分体现了共产党人为了共产主义事业奋斗终生的坚定信心和决心。

在狱中的夏明翰，得知自己的生命即将结束，给自己的母亲、妻子分别写了一封信。在给母亲的信中写道：“你用慈母的心抚育了我的童年，你用优秀古典诗词开拓了我的心田。爷爷骂我、关我，反动派又将我百般折磨。亲爱的妈妈，你和他们从来是格格不入的。你只教儿为民除害、为国锄奸。在我和弟弟妹妹投身革命的关键时刻，你给了我们精神上的关心，物质上的支持。亲爱的妈妈，别难过，别呜咽，别让子规啼血蒙了眼，别用泪水送儿别人间。儿女不见妈妈两鬓白，但相信你会看到我们举过的红旗飘扬在祖国的蓝天！”

在给妻子的信中写道：“同志们曾说世上唯有家钧好，今日里才觉得你是巾帼贤。我一生无愁无泪无私念，你切莫悲悲戚戚泪涟涟。张望眼，这人世，几家夫妻偕老有百年？抛头颅，洒热血，明翰早已视等闲。‘各取所需’终有日，革命事业代代传。红珠留作相思念，赤云（夏明翰的女儿夏芸）孤苦望成全，坚持革命继吾志，誓将真理传人寰！”

“相信你会看到我们举过的红旗飘扬在祖国的蓝天”“坚持革命继吾志，誓将真理传人寰！”信中的这些话，充分体现了夏明翰对于革命的信心和决心，对于理想的追求。曾经有一位登山者说过这么一句话，登山者攀登的不是高山，而是自己的理想。我宁愿在自己理想的高峰上被毁灭，也不愿毁灭我理想中的高峰！和登山者一样，对于共产党员，共产主义事业就是一座勇敢者攀登的高山，成千上万的“登山者”为了这个理想，牺牲在追求理想的路上，但是这更加激发了后来者勇攀高峰的决心和信心，这就是共产党人为了理想而牺牲奋斗与坚持到底的精神，这就是精神的力量。

在白色恐怖的革命年代，像夏明翰这样的革命烈士把为理想而牺牲奋斗与坚持到底的精神体现在了与国民党反动派的斗争上，在革命战争年代，更是有无数的共产党人为了革命事业能够成功，为了共产主义理想能够实现，牺牲了自己。理想因其远大而为理想，信念因其执着而为信念。在自己的理想和生命面前，他们没有半点迟疑和驻足，把自己的生命献给了为人类解放而奋斗的伟大事业。

为理想奋斗而牺牲的共产党人和革命前辈，在中国共产党的历史上还有很多，被评选为“100 位为新中国成立作出突出贡献的英雄模范人物”的董存瑞就是突出代表。生于河北省张家口市怀来县的董存瑞，在 1945 年就参加了八路军，1947 年 3 月加入中国共产党，先后荣立大功三次、小功四次，荣获勇敢奖章三枚、“毛主席奖章”一枚。1948 年 5 月 25 日，时任中国人民解放军东北野战军第 11 纵队 32 师 96 团 2 营 6 连 6 班班长的董存瑞，在隆化战斗中英勇牺牲，年仅 19 岁。

在革命战争年代，无数烈士用生命诠释了为理想奋斗而牺牲的精神，在和平建设时期，无数社会主义的建设者，在中国共产党的领导下，克服万难，为了中华民族的伟大复兴，在普通的岗位上用自己的行动诠释了坚持到底的精神。

2018 年 10 月 24 日，集桥梁、人工岛和海底隧道于一体的港珠澳大桥正式通车运营。55 公里长的大桥气势如虹，横亘在浩瀚的伶仃洋上，是人类建设史上迄今为止里程最长、投资最多、施工难度最大、设计使用寿命最长的跨海公路桥梁。为做好港珠澳大桥岛隧工程，项目总经理、总工程师林鸣10年没睡过一个安稳觉，直到最后一根沉管完成精准对接。10 年来，每到关键和危险时刻，林鸣都像“钉子”一样，十几个小时、几十个小时“钉”在工地。体形的变化展现了他经历的一切——瘦了整整 40 斤，头发少而灰白，总之，外形与年龄十分不符。港珠澳大桥的施工用了 7 年，它的设计同样花了 7 年，岛隧总设计师刘晓东坦言“和团队一起在七年时间里反复打磨了 140 多稿、1 万多页的设计方案”。岛隧部分总共涉及一百多道工序，由于是第一次做，每一个技术的攻关都经历了无数次试验、创新和验证，整个工程边勘察边设计，边设计边施工。林鸣把它总结为走钢丝，并且是“让 4000 人共走一根钢丝，走七年，而且这七年都要保持状态，因为在钢丝上，不保持状态都不行”。支撑着港珠澳大桥建设者们七年如一日的就是为理想坚持到底的精神。

总之，正是靠着拥有马克思主义这个看家本领，牢记“为中国人民谋幸福，为中华民族谋复兴”的初心使命，坚持为理想而牺牲奋斗与坚持到底的精神，中国共产党才能拥有无坚不摧、无难不克的力量，带领全国各族人民，不畏艰险困苦，积极开拓进取，埋头苦干实干，在艰苦奋斗中不断夺取了一个又一个伟大胜利。

三、中国共产党为什么能用“小米加步枪”战胜“飞机加大炮”

在近代中国革命的早期，中国共产党自身的条件是有限的，而且所面临的形势又相当严峻。中国革命的先驱们坚持理论联系实际，走出了农村包围城市的新道路，一方面依靠人民、服务人民，另一方面高度重视精神要素，最终战胜了强大的敌人，取得了革命的胜利。

农村包围城市的中国革命新道路

1927 年大革命失败后中国革命的道路将走向何方？中国共产党进行了艰难的探索。直到 1930 年的上半年，中国共产党在领导红军战争和根据地建设的过程中，提出了农村包围城市的道路。

中国革命的新道路，是党和人民的集体智慧的结晶，是以毛泽东同志为主要代表的共产党人在奋斗中开辟出来的。毛泽东首先把武装斗争的立足点放在农村，在革命的早期开创井冈山革命根据地，并从理论上对中国革命的道路问题作了初步的说明。

在井冈山根据地的创建过程中，毛泽东曾明确地指出：“以农业为主要经济的中国的革命，以军事发展暴动，是一种特征”；并且“建议中央，用大力做军事运动”。在当时中国的实际情况下，反动统治者总是依靠暴力来维持其统治。因此，在还没有资产阶级民主制度作为前提的情况下，共产党不可能通过合法的斗争来教育群众、引导群众。所以，中国共产党最终选择了拿起武器进行战斗。

1928年2月，共产国际执委会第九次扩大全会作出决议，断定中国共产党建立的小块根据地是散乱的，是不相关联的，进行的游击战争是必致失败的。所以他们要求中国共产党“反对对于游击战争的溺爱”，并强调要以城市为中心，“准备城市与乡村相配合相适应的发动”。同年6月，共产国际代表布哈林在中共六大上作报告，仍然坚持认为中国共产党应以城市为中心，反对在农村建立根据地。当时的中共中央也主张以城市为中心。包括当时的毛泽东，对这个问题也是逐步地认识清楚的。

1928年5月和10月，毛泽东主持召开了湘赣边界党的第一次和第二次代表大会。就是在这两次会议上，毛泽东开始提出工农武装割据的思想并进行了系统的论证。但是，毛泽东当时仍然认为要以城市工作为中心，并且他始终还是抱着影响和配合党的城市工作的目的而在闽浙赣边界建设根据地的。但后来在红四军进军赣南、闽西的实践中，毛泽东就已经逐步开始认识到了建立农村根据地的重要性。在这个时候，广大的农村地区的游击战争已经有了广泛的发展。当时的中国革命实践表明，中国革命要走上胜利发展的道路，必须把工作重点放在农村，建立农村革命根据地。毛泽东从中国国情出发，经过探索并总结经验，最终提出了农村包围城市的思想。

1930年1月，毛泽东指出，“全国范围的、包括一切地方的、先争取群众后建立政权的理论，是于中国革命的实情不适合的”[①]。他指出“中国是一个许多帝国主义国家互相争夺的半殖民地”，由此就发生统治阶级内部长期混战的现象，有了红军和游击队的存在和发展的可能，有了在四周白色政权中小块红色区域存在和发展的可能；红军、游击队和红色区域的建立和发展，是半殖民地中国在无产阶级领导之下的农民斗争的最高形式和必然结果，并且是促进全国革命高潮的重要因素。毛泽东批评把坚持无产阶级的领导与发挥农民的革命主力军作用对立起来的观点，并进一步重申中国革命只有农民斗争得不到工人的领导而失败，没有农民斗争的发展超过工人势力而不利于革命本身的思想。他总结各地红军、游击队和根据地建设的经验，指出执行单纯的流动游击政策，不能完成促进全国革命高潮的任务，必须采取有根据地的，有计划地建设政权的，深入土地革命的，扩大人民武装的路线是经由乡赤卫队、区赤卫大队、县赤卫总队、地方红军直至正规红军这样一套办法的，政权发展是波浪式地向前扩大的等等政策。他着重地指明坚持农村根据地斗争的意义，认为“必须这样，才

---

① 《毛泽东选集》第一卷，人民出版社1991年版，第97—98页。

能树立全国革命群众的信仰，如苏联之于全世界然。必须这样，才能给反动统治阶级以甚大的困难，动摇其基础而促进其内部的瓦解。也必须这样，才能真正地创造红军，成为将来大革命的主要工具。总而言之，必须这样，才能促进革命的高潮”①。

中国共产党人最终选择农村包围城市、武装夺取政权的革命道路，完全是从中国的实际出发的，是对马克思列宁主义关于武装夺取政权学说的重大发展。中国共产党之所以选择把工作重心放在乡村，一方面由于占中国人口最大多数的农民是反帝反封建的民主革命的主力军，广大农村应当成为民主革命走向胜利的主要战略基地；另一方面是由于敌强我弱的形势决定了中国民主革命的长期性。

需要说明的是，“在农村建立根据地，以农村包围城市、武装夺取政权道路”的思想，不是某个人的思想，而是以毛泽东同志为主要代表的中国共产党人的集体创造。它反映的是中国革命发展的特殊规律，指明了中国革命走向胜利的唯一正确的道路。规律是客观存在的，但是正确地认识规律、按客观规律办事却是非常难得的。在中国共产党领导革命的早期，马克思主义教条化，把共产国际决议和俄国革命经验神圣化的错误倾向，这些都严重地阻碍着中国共产党人对中国革命规律的认识。农村包围城市、武装夺取政权的道路，是中国革命的领导人突破教条主义束缚，

① 《毛泽东选集》第一卷，人民出版社 1991 年版，第 98—99 页。

结合中国革命的实践走出来的一条全新的道路。走这条道路，不可避免地遇到来自教条主义者的重重阻力。为了反对党和红军中的教条主义思想，毛泽东在1930年写了《调查工作》[①]，深刻地阐释了坚持辩证唯物主义，坚持理论联系实际的重要性。毛泽东指出：“离开实际调查，就要产生唯心的阶级估量和唯心的工作指导，那么，它的结果不是机会主义，便是盲动主义。”为了与唯心主义做斗争，他提出：“没有调查，没有发言权。”

人民群众对于中国革命的重要作用毛泽东在长期的革命斗争中深刻地认识到了，他指出：“共产党的正确而不动摇的斗争策略，决不是少数人坐在房子里能够产生的，它是要在群众的斗争过程中才能产生的，这就是说要在实际经验中才能产生。”他号召人们“到斗争中去”“到群众中作实际调查去”。以毛泽东同志为主要代表的中国共产党人正因为坚持了这样一条辩证唯物主义的思想路线，善于向群众学习，向实践学习，善于总结群众斗争的实践经验，所以才能够在中国革命的重要关头，表现出革命的创新精神，显示出巨大的勇气，提出农村包围城市、武装夺取政权道路的思想，为中国革命创新性地提出了一条全新的正确的道路。[②]正是这条全新道路的开创，扭转了中国革命的形势，为后来一系列的成功打下了坚实的基础。

---

① 1964年收入《毛泽东著作选读》时，题目改为《反对本本主义》。

② 中共中央党史研究室著：《中国共产党历史》第一卷上册，中共党史出版社2002年版。

抗日民族统一战线

1931年，“九一八”事变爆发，中国开始了艰苦卓绝的抗日战争。而此时，国民党蒋介石始终推行“攘外必先安内”的反动政策，对中国共产领导的红军进行疯狂“围剿”。在国家和民族面临危难之际，中共中央提出了建立抗日民族统一战线、团结一致反抗日本帝国主义侵略的政策。

“九一八”事变爆发后，中共中央由于王明的“左”倾冒险主义占领了统治地位，虽然很多委员和代表提出过一些正确的主张，但最终并未得到彻底的执行。1931年12月11日，中华苏维埃共和国临时中央政府号召全国工人、农民、兵士和学生联合起来，提出武装驱逐日本帝国主义出中国。1933年1月17日，中共中央发表宣言，明确了关于停止进攻苏区、保卫民众的民主权利、武装民众三个条件下与任何武装部队订立对日共同作战协定。1934年4月10日，中共中央号召一切真正愿意反对帝国主义的不甘心做亡国奴的中国人，不分政治倾向，不分职业与性别，都联合在反日统一战线之内。4月20日，《中国人民对日作战的基本纲领》提出抗日救国的六大纲领。1935年1月15日，遵义会议召开，党中央确立了毛泽东同志的领导地位，结束了王明“左”倾错误路线。

1935年7月，中国共产党代表团出席了共产国际第七次代表大会。这次大会根据斗争形势的变化，决定在国际上实行反法西斯统一战线和反帝统一战线政策。中国代表团成员根据会议精神起草了“八一宣言”，正确地分析了国内形势，指出中华民族正处于在亡国灭种的生死关头；提出了建立抗日民族统一战线的策略方针；号召一切不愿当亡国奴的同胞，一切爱国的军官和士兵，一切愿意参加抗日救国事业的华侨和国内一切被压迫的少数民族联合起来，共同进行抗日救国的斗争。宣言一再呼吁各党派停止内战，为抗日救国的事业而奋斗。宣言提出各界立即进行协商、谈判，召集各界的代表大会，讨论抗日救国的实际工作。

1935 年 10 月，红一方面军到达陕北，与陕北红军胜利会师。12 月 17 日，中共中央在陕北召开政治局会议。会议深入分析了国内外的政治形势，最终确定了建立抗日民族统一战线的总路线。会议通过了《中央关于军事战略问题的决议》和《关于目前政治形势与党的任务决议》，指出目前中国时局的基本特点是日本要把中国从各帝国主义的半殖民地变为其独占的殖民地。12 月 27 日，毛泽东在《论反对日本帝国主义的策略》中系统阐述了中国共产党的抗日民族统一战线的理论和政策。他指出，“目前中国的和世界的反革命力量暂时还是大于革命力量”，而且“由于中国政治经济发展的不平衡”① 决定了中国革命的长期性和残酷性。为了战胜强大的敌人，就需要“招收广大的人马，好把敌人包围而消灭之”②。在当前亡国灭种的民族危机面前，工农阶级和小资产阶

① 《毛泽东选集》第一卷，人民出版社 1991 年版，第 152 页。
② 《毛泽东选集》第一卷，人民出版社 1991 年版，第 154 页。

级是坚决抗日的，民族资产阶级中间的一部分也是有参加斗争的可能的。因此“党的任务就是把红军的活动和全国的工人、农民、学生、小资产阶级、民族资产阶级的一切活动汇合起来，成为一个统一的民族革命战线”[①]。

1936 年，党中央认识到“只有全中国各党各派的共同奋斗，全中国人民及武装部队的总动员，我们才能给帝国主义与汉奸卖国贼以致命的打击，而取得中国民族的彻底解放”[②]。于是，党中央决定将“抗日反蒋”的口号改为“逼蒋抗日”。1936 年 9 月 1 日，中共中央发出《关于逼蒋抗日问题的指示》，提出在日本帝国主义又继续进攻，全国民族革命运动继续发展的条件下，国民党中央军全部或其大部有参加抗日的可能。其总方针是：一方面继续揭破他们的每一退让、妥协，丧权辱国的言论与行动；另一方面要向他们提议与要求建立抗日的统一战线，订立抗日的协定。

1936 年 12 月 12 日，在全国上下反日情绪进一步高涨的情况下，震惊中外的西安事变爆发。中央提出新的方针：“反对新的内战，主张南京与西安间在团结抗日的基础上，和平解决。”1937 年 2 月 10 日，中共中央进而提出“五项要求和四项保证”。

其中，“五项要求”的主要内容是：1. 停止内战，一致对外；2. 保障言论、集会、结社的自由，释放一切政治犯；3. 召开各党、

---

① 《毛泽东选集》第一卷，人民出版社 1991 年版，第 151 页。

② 中央档案馆：《中共中央文件选集》（10），中共中央党校出版社 1985 年版，第 2 版。

各派、各界、各军的代表会议，集中全国人才，共同救国；4.迅速完成对日作战的一切准备工作；5.改善人民生活。

“四项保证”的主要内容是：1.停止武力推翻国民党政府的方针；2.工农政府改名为中华民国特区政府，红军改名为国民革命军；3.特区实行彻底的民主制度；4.停止没收地主土地的政策，坚持执行抗日民主统一战线的共同纲领。随着形势的发展，国民党后来在原则上接受了中共提出的团结抗日的主张，并在实际上承认了共产党的合法地位，最终标志着抗日民族统一战线的初步形成。

抗日民族统一战线是在日本帝国主义深入中国国土、中日民族矛盾上升为主要矛盾的环境下形成的。抗日民族统一战线的形成，开辟了中国革命史上的新纪元，使得中国抗战力量的阶级组成和群众动员的规模更加广泛，将对于打倒日本帝国主义发生决定性的作用。中国共产党站在国家和民族大义的高度，团结了一切能够团结的力量，提出了一条符合实际的发展道路，为最终取得抗日战争的胜利提供了坚强的力量保证。

陷敌于人民战争的汪洋大海

人民战争的思想是毛泽东提出来的。在长期的革命斗争实践中，毛泽东结合自身工作经验和中国的国情，提出了一系列符合中国实际的人民战争的思想，这些思想指导着中国军民在不同的历史时期，通过艰苦卓绝的斗争最终取得了革命的胜利。

近代中国的国情决定了人民战争的基础。近代中国的社会性质是半殖民地半封建社会，自然经济占主导，农民占人口的绝大部分。这些特点都决定了中国革命必须与广大农民紧密地相联系。中国革命能否得到坚持和发展，根本在于能否紧紧地依靠农民，领导农民进行革命战争，而中国革命能否得到广大农民群众的支持，关键在于能否处理好农民与土地的关系。

自大革命失败以后，国民党已经由资产阶级、小资产阶级的革命联盟，变成一个代表地主阶级和买办性的大资产阶级利益的政党。国民党不仅建立了庞大的军队和特务系统，还进一步加强对人民、对舆论的控制，并严酷镇压中国共产党及其领导的革命运动，暗杀中共党员和民主分子，这使得中国革命转入了低潮。为了挽救革命，挽救中国共产党，中国共产党采取了一系列反击国民党反动政策的措施。1927 年 8 月 1 日，周恩来、贺龙、叶挺、朱德、刘伯承等领导了南昌起义，打响了武装反抗国民党反动统治的第一枪。8 月 7 日，中共中央在汉口召开紧急会议，彻底纠正了陈独秀右倾机会主义错误，确定了土地革命和武装反抗国民党反动统治的总方针。毛泽东在大会上做报告，提出了依靠农民和“枪杆子里出政权”的思想。

1927 年 9 月秋收起义爆发，毛泽东在准备攻打长沙的计划受挫后，率领起义部队南下，向着敌人控制力比较薄弱的湘赣边界农村地区转移并创建了井冈山革命根据地。红军在毛泽东等同志领导下，放手发动群众，开展游击战争，进行了轰轰烈烈的“打土豪、分田地”的土地革命。不断扩大革命根据地，建立中共地方组织和工农民主政权（即苏维埃政府）以及地方武装，实行工农武装割据。

1928 年 4 月，朱德率领的南昌起义军余部和湘南起义军到达井冈山，同毛泽东领导的红军胜利会师，合编为工农革命军第 4 军。12 月，根据地制定了中国共产党历史上第一个土地法，以立法的形式肯定了广大农民以革命的形式获得土地。毛泽东指出：“中国革命的根本问题是农民问题，农民的根本问题是土地问题。”这句话从根本上指出了中国革命和农民的关系，也指出了中国农民所关心的根本问题。1929 年 4 月，根据地制定了第二个土地法，将“没收一切土地”改为“没收一切公共土地及地主阶级的土地”。这项改动不仅扩大了我党的群众基础，而且在更高层次上赢得了广大人民群众的支持。后来，党中央制定出了中国共产党领导土地革命的一条基本路线，即“依靠贫农、雇农，联合中农，限制富农，保护中小工商业者，消灭地主阶级，变封建的土地所有制为农民的土地所有制”。在中国共产党领导下的土地革命斗争，充分调动了广大农民发展生产和参加中共领导下的革命战争的积极性。这条基本路线，充分调动了一切反帝反封建的有利因素，从而保证了土地革命的最终胜利。

卢沟桥事变的爆发，标志着日本全面侵华战争的开始。日军先后占领了北平、天津、太原、南京、武汉等一大批城市。1937 年 12 月，日军占领南京，并进行了惨无人道的“南京大屠杀”，被杀害的中国军民总数达到了 30 多万人。日本侵略者对中国老百姓烧杀抢掠、无恶不作。

为了团结一切能够团结的力量一致对外，中国共产党极力争取国民党一致抗日。1936 年 12 月“西安事变”爆发，中国共产党从民族大义出发，派周恩来到西安同张学良、杨虎城两位将军及蒋介石进行谈判，最终促成西安事变的和平解决。蒋介石最终做出了停止“剿共”、联合抗日的承诺。在中华民族生死存亡的关键时刻，中国共产党率先举起武装抗日的大旗，实行全面抗战路线，团结一切抗日力量，调动一切积极因素，实行全民抗战，把抗日战争变成一场中华民族一致对外的人民战争。而国民党虽然在正面战场上对抗击日军起了重要作用，但蒋介石走的是单纯依靠政府军的片面抗战路线，因为他害怕广泛动员起群众会危害自身的统治从而最终导致国民党的正面战场大多是以国军的失败和全面溃退而告终。

1938 年 5 月 26 日，毛泽东在延安抗日战争研究会上发表了著名的演讲——《论持久战》。毛泽东分析了抗日战争以来敌我双方的形势，提出若要粉碎日军速战速决的阴谋，就要把抗日战争变成一场持久战争，积小胜为大胜，以时间换空间，在长期消耗中打败日军。而持久抗战的关键是人民群众，只有广泛动员人民群众参加到抗战中来，才能形成真正的铜墙铁壁。毛泽东指出：“革命战争是群众的战争，只有动员群众，才能进行战争，只有依靠群众，才能进行战争。”在中国，农民人口占全国绝大多数，广大人民群众遭到日军的残害，其仇恨远比过去一切时代所受的压迫还要重。只有动员和依靠人民群众，才能坚持抗战，才能使抗战胜利最终属于中国人民。1937 年 8 月，中国共产党制定了抗日救国十大纲领，强调要打倒日本帝国主义，不放手发动人民群众、不争取人民群众的有力支持、不发动人民使抗战成为全面的全民族的抗战是行不通的。

在人民战争思想的指导下，中国共产党放手发动群众，制定了“发展进步势力，争取中间势力，孤立顽固势力”的策略，使群众最终成为抗战的主要力量。进步势力主要是农民群众，中间势力主要是指民族资产阶级、开明绅士和地方实力派，而顽固势力则是以蒋介石集团为首的国民党反动派。对于进步势力，我党广泛动员全国的劳动群众，发展起了全国民众的抗日运动。对于中间势力，我党在积极争取的同时也不忘尊重他们的利益。而对于顽固势力，我党采取了又联合又斗争的政策，继续巩固和发展抗日民族统一战线，为抗战胜利奠定了坚实的基础。经过 14 年的持续抗战，终于在 1945 年 8 月 15 日取得了抗日战争的最后胜利。

抗日战争胜利后，国民党紧接着就发动内战。蒋介石在完成军队调动部署后，立即撕毁停战协定，以进攻中原解放区为起点，挑起了全国性的内战。全面内战爆发后，我党面临的形势极为严峻：一方面国民党军总兵力为 430 多万，且大多为正规军并配备美式装备，控制着全国3.39亿以上人口和700多万平方公里的国土面积。几乎所有的交通要道都在国民党军队的控制之中。另一方面中国共产党领导的解放区总人口只有全国的三分之一左右，国土面积不到四分之一，并且大多属于农民武装，训练水平和武器装备水平都十分落后。站在强大的反动敌人面前，以毛泽东同志为主要代表的中国共产党人并没有退缩。毛泽东指出："我们必须打败蒋介石，是因为蒋介石发动的战争，是一个在美帝国主义指挥之下的反对中国民族独立和中国人民解放的反革命的战争。"[①]"我们说，蒋介石军事力量的优势，只是暂时的现象，只是临时起作用的因素；美帝国主义的援助，也只是临时起作用的因素；蒋介石战争的反人民的性质，人心的向背，则是经常起作用的因素；而在这方面，人民解放军则占着优势。人民解放军的战争所具有的爱国的正义的革命的性质，必然要获得全国人民的拥护。这就是战胜蒋介石的政治基础。"[②]为了打退蒋介石反动集团对解放区的军事进攻，我党在毛泽东思想的指引下，和人民群众紧密合作，争取一切可以争取的力量，建立起了最为广泛的人民民主统一战线。

由于国民党没有争取广大人民群众的支持，一年后，解放战争的形势发生了重大变化：国民党军总兵力下降了50多万而且官兵开始厌战，士气低落，蒋介石所领导的国民政府遭到各阶层人士的强烈反对，处境十分孤立，国民党政权濒临崩溃。而共产党所领导的人民军队人数急剧增加，广大人民群众为保卫胜利果

---

① 《毛泽东选集》第四卷，人民出版社1991年版，第1245页。

② 《毛泽东选集》第四卷，人民出版社1991年版，第1246页。

实，积极参军参战，革命热情高涨。1948 年，人民解放战争进入夺取全国胜利的决定性阶段，毛泽东、朱德发出“打倒蒋介石，解放全中国”的口号，中国人民解放军先后发动了辽沈、淮海、平津三大战役。三大战役在中国革命历史上是空前的，其中一个最主要的特点就是人民军队得到了全国人民的大力支持。仅在淮海战役中，推着独轮车往前线运送粮食给养的山东老解放区民工就达到 300 多万人，陈毅元帅在新中国成立后动情地说：“淮海战役的胜利是老区人民用小车推出来的。”可见，中国共产党领导中国人民取得中国革命战争的胜利，是毛泽东思想的伟大胜利，更是人民战争思想的伟大胜利。

“钢”与“气”的较量

随着中华人民共和国的成立，饱受磨难的华夏子孙们，在中国共产党的领导下，克服了重重困难，终于推翻了压在头上的三座大山，翻身做了国家的主人。正当中国人民满怀激情准备建设新生活的时候，朝鲜战争爆发，美帝国主义把战火烧到了鸭绿江边。为了维护和平、保家卫国，中国人民志愿军与世界上最强大的军事集团展开了殊死较量。

在朝鲜战场上，参战的美军大部分都是美军中的王牌军、常胜军，他们拥有世界最先进的武器装备，掌握着绝对制空权、制海权，曾经在第二次世界大战中所向披靡，是世界公认的最强大的军队。然而，美军面对一个经济贫穷落后国家的装备原始的陆军，却束手无策、一败涂地，最根本原因就是我军是用毛泽东思想武装起来的军队，拥有战胜一切困难的勇气、视死如归的英雄气概和机动灵活的战略战术。

习近平总书记在庆祝中国人民解放军建军90周年大会上的讲话中指出："改革创新、与时俱进，是人民军队不断发展的康庄大道"；"有了民心所向、民意所归、民心所聚，人民军队就能无往而不胜"[①]。中国共产党领导人民军队从弱小走向强大，从胜利走向胜利，一方面是把马克思主义的普遍原理同中国具体实践相结合不断开拓创新的力量，另一方面是依靠人民，不断争取一切可以争取的力量。过去，"小米加步枪"能战胜"飞机加大炮"；现在，装备过"小米加步枪"的人民军队已经发展成为基本实现机械化并朝着信息化迈进的强大军队，在新时代，强军的步伐不会停歇，建设世界一流军队的任务依然需要我们继续努力。

① 习近平：《在庆祝中国人民解放军建军90周年大会上的讲话》，《人民日报》，2017年8月2日第2版。

四、中国共产党为什么能在革命建设改革开放中始终赢得人民的支持

一直以来，中国共产党人都把自己定位为“人民的公仆”，正是因为中国共产党始终不忘自己来自人民，始终保持一颗赤子之心，无论在什么时代都把人民的根本利益作为自己奋斗的目标，坚持全心全意为人民服务，从而能在革命建设改革开放中始终赢得人民的支持。

全心全意为人民服务

1944 年 9 月 8 日清晨，枣园后沟的西山脚下笼罩在一片肃穆悲痛的气氛中。数百位部队官兵伫立在一个简陋的灵堂面前。灵堂临时搭在了一个土台上，灵堂的两边悬挂着两副白色的挽联。灵位前放着毛泽东和中共中央办公厅、中央社会部、西北公学、中央警卫团团部以及各营、连送的花圈，在灵堂后面巨大的黑幕前安置着一名烈士的灵位。台前正中悬挂着毛泽东亲笔题写的挽词：向为人民利益而牺牲的张思德同志致敬！

张思德，八路军战士，1933 年 12 月参加红军，1944 年 9 月奉命到安塞县挖窑烧炭。因为炭窑意外崩塌，张思德不幸壮烈牺牲。毛泽东在知道这个消息后非常震惊，指示把张思德的遗体运回延安并召开追悼会。在追悼会上，毛泽东作了一个演讲，题目就叫——《为人民服务》。毛泽东的演讲旗帜鲜明地提出了一个论断，那就是——“为人民服务”。从此，“为人民服务”这句话成为一代又一代共产党人的座右铭，一直到现在都激励着一代又一代共产党人为人民事业鞠躬尽瘁，死而后已[①]。

“为人民服务”思想的提出其实是有一个逐步形成的过程，并不是突然提出来的。在我党创建的早期，毛泽东在《民众的大联合》中强调只有民众大联合才能取得革命的胜利。后来，在井冈山革命根据地的建设过程中，毛泽东在红军的入党宣誓仪式上明确指出：入党是为了给劳苦大众谋利益，这一点要时刻牢记在心。紧接着，毛泽东又在《关心群众生活，注意工作方法》中强调关心民众生活，最重要的是要解决人民群众遇到的实际困难，与人民同甘共苦。毛泽东曾多次对他身边的工作人员提到，他最怕人民遭受苦难，人民有苦难，他就心痛。到了延安以后，毛泽东还反复强调：共产党是为民族、为人民谋利益的政党，它本身绝无私利可言。

1942 年，讲述中国共产党同党外人士的关系时，毛泽东再次

---

① 《修养关系成败：党员干部修养纵横谈》，中国方正出版社 2013 年版。

强调“为民族与人民谋利益，绝无任何私利可言”。后来，毛泽东在延安召开的一次座谈会上又进一步指出：“共产党的路线，就是人民的路线。”

1943 年，毛泽东在起草抗战六周年宣言时指出：“我们共产党员是一种特别的人，他们完全不谋私利，而只为民族与人民求福利。他们生根于人民之中，他们是人民的儿子，又是人民的教师，他们每时每刻地总是警戒着不要脱离群众。”

在这种一贯的思路指引下，毛泽东在 1944 年参加追悼中央警备团战士张思德时，鲜明地提出了“为人民服务”的响亮口号。他说：“‘人固有一死，或重于泰山，或轻于鸿毛。’为人民利益而死，就比泰山还重；替法西斯卖力，替剥削人民和压迫人民的人去死，就比鸿毛还轻。”①

1945 年 4 月，毛泽东在党的七大上进一步阐述了“全心全意为人民服务”的思想，他强调：“我们共产党人区别于其他任何政党的又一个显著的标志，就是和最广大的人民群众取得最密切的联系。全心全意地为人民服务，一刻也不脱离群众；一切从人民的利益出发，而不是从个人或小集团的利益出发；向人民负责和向党的领导机关负责的一致性；这些就是我们的出发点。”②

1949 年 10 月，毛泽东发表《坚持艰苦奋斗，密切联系群众》，

---

① 《毛泽东选集》第三卷，人民出版社 1991 年版，第 1004 页。

② 《毛泽东选集》第三卷，人民出版社 1991 年版，第 1094—1095 页。

再次强调：“共产党就是要奋斗，就是要全心全意为人民服务，不要半心半意或者三分之二的心三分之二的意为人民服务。”紧接着，我们党就开始把“全心全意为人民服务”写入了党章的总纲，作为中国共产党的根本宗旨和党员一切言论行动的最高标准。

自革命以来，毛泽东都把人民看得非常重要。这从他在论述党与人民关系时的一些比喻中就可以看得出来：在民主革命时期，他把人民比作“父母”“大地”“铜墙铁壁”等等；在中华人民共和国成立以后，他把党员干部比喻为“勤务员和鱼”，而把人民比作“推动历史发展的动力”，比作“主人和水”。这些都充分表明了毛泽东发自内心的对人民的热爱，并且他把这份热爱始终贯穿在他领导的中国革命和社会主义建设的全过程。

在不同的历史时期，“为人民服务”有着不同的内涵要求。但是，不管时代怎么样发展，为人民服务的本质要求是不变的。为人民服务的本质要求是什么？说到底，“为人民服务”就是帮助人民办好事、解决实际问题、解决各种矛盾，推动人民事业发展。服务的内容有哪些呢？这不仅涉及日常生活的方方面面，而且涉及经济、政治、文化各个领域。共产党的党员干部手里掌握着大大小小的权力，所以广大的党员干部就必须把全心全意为人民服务作为工作的重点。只有全心全意为最广大人民谋利益，人民群众才能自觉接受党的领导，从而形成一个自觉相互服务、和谐相处的良好局面。

在新时代，为人民服务的思想又有了新的内涵。伴随着我国成为世界第二大经济体，广大党员领导干部牢固树立全心全意为人民服务的思想，将进一步有利于永葆党的先进性本色，有利于社会主义制度的长治久安，有利于提高党员干部特别是领导干部的素质，从而帮助广大的党员领导干部树立正确的世界观和高尚的人生观，自觉抵制腐朽思想的侵蚀，牢固树立起我党在人民群众心目中的形象，进一步巩固我党的执政地位。“全心全意为人民服务”，这不仅是一代又一代共产党人秉承的光荣传统，更是提高党的执政能力、保持党的先进性的首要问题，是中国共产党人“以人为本、执政为民”的本质体现。坚持全心全意为人民服务关键在于党员干部特别是领导干部要增强“公仆意识”。什么是“公仆意识”？公仆意识它外之于举止，见之于言行，只有具备公仆意识，才能坚持深入实际，主动问计于民；只有具备公仆意识，才能真心欢迎群众监督，耐心倾听群众意见；只有具备公仆意识，才能尽心排忧解难，热心帮贫扶困；只有具备公仆意识，才能全心全意为群众办实事、办好事；有了公仆意识，就能做人清正，执政廉洁。总结起来就是：“公仆意识”，就是时刻摆正自己和人民群众的位置，做到时刻“为民、务实、清廉”，不能把自己和人民的位置倒置。

在新时代，为人民服务就是要始终把握“人民至上”的根本宗旨，始终牢记自己是人民的公仆。什么是领导干部的权力、责任和义务？其实都可以归结为一句话：“为人民服务，做人民公仆。”广大党员干部尤其是领导干部，增强公仆意识，就要在思想上尊重群众，政治上代表群众，感情上贴近群众，行动上深入群众，工作上为了群众，才能赢得人民群众的信任，才能称得上合格的人民公仆。怎样把握增强公仆意识的核心？作为领导干部来说，正确使用人民赋予的权力就是核心。权力的性质决定权力的功能，人民的权力只能用来为人民服务。广大的党员干部能否当好人民公仆，检验的标准其实不是很复杂，那就是——能否真正做到“权为民所用、情为民所系、利为民所谋”。党员干部的一切权力都是人民赋予的，因此，党员干部的一切理应“属于人民，一切为了人民，一切依靠人民，一切归功于人民”。

习近平总书记指出：“始终坚持全心全意为人民服务的根本宗旨，是我们党始终得到人民拥护和爱戴的根本原因。”[①]我们党执政70多年以来，国家安定繁荣，人民安居乐业，这些都与我党始终保持先进性、广大党员始终发挥先锋模范作用分不开。党作为国家和人民利益的忠实代表，始终以谋求国家发展和人民幸福为己任，广大党员干部无论职位高低，都始终以强烈公仆意识来服务于人民，这是中国共产党的性质的必然要求，也是我们事业勃兴的根本保证。只有我们广大的党员干部始终牢记全心全意为人民服务的宗旨，我们党的事业才能蓬勃发展，我们才能得到广大人民群众的衷心拥戴。

---

① 习近平：《始终坚持和充分发挥党的独特优势》，《求是》，2012年第15期。

“打土豪分田地”翻身农奴把歌唱

在毛泽东领导中国革命的早期，他就充分认识到了土地对于农民的重要意义：“谁赢得了农民，谁就会赢得中国”“谁能解决土地问题，谁就会赢得农民”“在解决土地问题后即能够解决财政问题及兵士问题”。后来，八七会议确立了土地革命和武装斗争的总方针，明确：“没收地主的土地分给农民”，从而拉开了土地革命的序幕。很快，“打土豪、分田地”运动迅速地在井冈山、海陆丰、东固、琼崖、闽西、赣东北等根据地渐次开展。革命始终是苏区“打土豪、分田地”的逻辑起点和归宿。这场伟大的群众运动在我党的领导下，吹响了反封建的号角，让分得土地的贫下中农们翻身把歌唱，给广大的农村地区带来了翻天覆地的变化[①]。

在中国几千年农业社会中，农民的土地问题始终没有得到根本解决。“打土豪、分田地”，其关键是田地。只有分了田地，满足了农民的土地需求，农民才会起来支持革命。1925 年，李大钊提出了“耕地农有”思想，认为“国民革命政府成立后，苟能按耕地农有的方针，建立一种新土地政策，使耕地尽归农民，使小农场渐相联结而为大农场，使经营方法渐由粗放的以向集约的，则耕地自敷而效率益增，历史上久久待决的农民问题，当能谋一

① 陈和平：《苏区“打土豪、分田地”的多层革命意义》，《党的文献》，2017 年第 3 期。

解决”。对于解决土地问题的重要意义，毛泽东曾指出：“土地问题不解决，经济落后的国家不能增加生产力，不能解决农民的生活痛苦，不能改良土地。”

1933年10月，毛泽东在《怎样分析农村阶级》一文中深刻揭露了地主的阶级属性及其剥削手段：“占有土地，自己不劳动，或只有附带的劳动，而靠剥削农民为生的，叫做地主。地主剥削的方式，主要地是收取地租，此外或兼放债，或兼雇工，或兼营工商业。但对农民剥削地租是地主剥削的主要的方式。”① 关于地租的剥削程度，毛泽东在一份调查中指出：1934年地租占产值的比例全国各省平均数为：上等水田43.61%、中等水田42.49%、下等水田44.07%、上等旱地42.57%、中等旱地44.71%、下等旱地46.44%。约占耕地收成一半的高额地租，再加上种地的成本和苛捐杂税，是导致佃农贫困的根本原因。

在通过立法等一系列措施让农民分得田地之后，粮食产量得到增长，生产力得到提高。比如：中央苏区的于都县分田前粮食亩产平均不足200斤，1933年上升到300斤至400斤，会昌县粮食产量1932、1933年连续两年递增20%；湘赣苏区1933年粮食也获得大丰收，超产两成以上；鄂豫皖苏区1930年黄梅土改后，收成增加二至三成，亩产达400斤。红色区域在建立的前几年，农业生产基本是下降的。但是经过分配土地后确定了地权，加以

① 《毛泽东选集》第一卷，人民出版社1991年版，第127页。

我们党提倡生产，农民的劳动热情增长了，生产便有了逐步的恢复。有些地方不仅恢复了而且超过了革命前的生产量。有些地方不但恢复了部分荒废了的土地，而且开发了新的土地。

在“打土豪、分田地”这场轰轰烈烈的运动中，农民始终是主力军，只有满足了农民的利益，广大农民才会拥护中国共产党，才会支持革命。在井冈山，通过打土豪、分田地，农民的积极性就起来了，出兵出粮，同军队一块儿战斗，男女老幼都动员起来了。

与此同时，“打土豪、分田地”也在当时的时代背景下带来了一场深刻的社会革命。因为土地的相对平均分配，使得无地少地的农民获得一份土地恒产，从而获得了一份生存保障。

土地革命前，在寻乌旧有土地占有情形是：地主占农村人口比例 3.5%，但他们占有 30% 的土地，而富农、中农、贫农、雇农占人口比例 92%，但他们占地总和不超过 30%。在兴国第十区，地主占人口总数 1%，但他们占有 40% 的土地；贫农占人口数 60%，但他们仅占 5% 的土地，另外雇农、手工工人和小商人都是无地户，土地占有之两极分化触目惊心。在全国范围的统计数据，地主占有了 50% 以上的土地，地主和富农总共占有了 70%~80% 的土地；而贫农、雇农、中农及其他人口占乡村人口的 90%，但他们总共却只占有 20%~30% 的土地。农民无地化趋势的加剧，促使很多失去了土地的贫农逐渐成了佃农。现存的一项统计资料显示：在当时的社会情况下，自耕农占农民总数的比例由 1912 年的 49% 下降为 1936 年的 46%，而佃农所占的比例则由 1912 年的

28% 上升为 1936 年的 30%。加之，很多农民常常由于生活所迫，依赖于借高利贷维持生计。调查数据显示：1934 年至 1935 年，江西地区 72% 的佃农和 58% 的半佃农背负有高利贷。

“打土豪、分田地”没收地主的田产，将土豪金钱、房屋、牲畜乃至生产工具等财富分给广大穷苦百姓，实际上是一种对社会财富的再分配。通过“打土豪、分田地”，没收地主土地，满足了广大农民的土地需求。在苏区，早期我党制定的土地法禁止土地租佃，广大佃农、半佃农由此转变成了自耕农，实现了“地主田地，农民收种，债不要还，租不要送”，解除了佃农肩上沉重的经济负担，并进一步消除了由不公平的分配制度所导致的社会财富占有的两极分化。

另外，我们党在充分利用马克思主义理论和社会主义思想启迪和教化苏区民众，开启了用马克思主义理论指导下的文化创新。通过“打土豪、分田地”，我们党也在文化上对中国几千年遗留下来的剥削思想和特权文化进行了深刻的揭露和肃清。

在当时的中国，广大农村地区群众文盲众多，思想愚昧。为了启迪民智，在党和政府的领导下，苏区在广大群众中开展了一系列的改革措施：第一，普及群众教育。在当时，各主要苏区想方设法，开展了形式多样的文化普及教育活动，开办学校、夜校，组织识字班、扫盲组，成立读报团、俱乐部等。苏区建立了面向社会底层民众的普遍平等的教育，针对不同的人群，建立了各种学校组织，开展了丰富灵活的群众文化教育，列宁小学几乎村村都有，而且农民的孩子完全享受免费教育，夜校、识字班、扫盲组致力于群众的扫盲识字。根据当时江西、福建、粤赣三省的统计，2932 个乡中，有列宁小学 3052 所，学生 89710 人，有补习夜学 6462 所，学生 94517 人，有识字组 32388 组，组员 155371 人，有俱乐部 1656 个，工作员 49668 人。[①] 这种教育的规模和普及程度也是国统区所不及的。教学内容上既有自然科学和社科知识的普及，也有打倒土豪劣绅、宣传党的政策、反对国民党反动派等政治宣传。第二，加速报刊业繁荣。报刊既是党和政府政策宣传的咽喉，也是社会民情和舆论交流的媒介。1931 年 12 月，党在苏区的第一份中央机关报《红色中华》诞生。1933 年 2 月，中共中央的政治理论机关刊物《斗争》创刊，此外还有 1931 年创刊的《红星》报和《青年实话》。这些报刊不仅在质量上标准较高，而且数量在全国来说也是毫不逊色，发行规模甚至超过了一些在全国发行的国统区大报。比如：《青年实话》发行 28000 份，《红色中华》曾达到四五万份，《斗争》每期至少销售 27100 份，《红星》发行量更是达到了 17300 份。这些报刊等大众媒体宣传了党和政府的方针政策，传播了新思想新观念，极大地促进了广大民众的觉醒。第三，更新群众观念。一是对剥削之罪恶的揭露和痛斥。中国农民痛苦的直接根源来自于阶级剥削和民族压迫。广大农民不仅要受封建地租剥削和资本主义式的雇佣剥削，还要承受来自土豪方

① 《毛泽东邓小平江泽民论教育》，中央文献出版社 2002 年版，第 6 页。

面残酷的高利贷剥削。比如赣东北苏区几乎 80% 的农民都要借高利贷，并且利息还高得出奇：一担谷子借 9 年，99 担送堂前（地主家）。在带领群众打土豪时，陈毅曾随手抓起一把银毫、铜板，说："这是打土豪的钱。地主豪绅每一个铜板都浸透着我们穷人的血汗，今天我们要把它分了，让劳动人民创造的财富，再回到劳动人民手中去"。在揭露剥削残酷性基础上，我党带领民众打土豪并将土豪的不义之财返还给军民群众。比如苏区政府法令规定：对于农民欠地主之租谷和债务，一概取消不予偿还。二是呼吁和贯彻平等思想。首先，提倡各阶层平等。苏区文件指出：苏维埃政权是工农民主专政的政权，实行民主集中制，权力归工农兵代表大会，赋予了工农兵、知识分子等各阶层民众普遍平等的选举权和被选举权，实现了政治权利的平等。在群众内部，无论贫农、雇农、中农、士兵，还是失业者乃至其他从业人员，皆可平等地参与土地分配。其次，提倡男女平等。比如福建苏维埃政府 10 个部长中就有 2 个妇女，江西苏区县一级妇女干部 27 人，兴国县有 30 多位妇女担任乡政府副主席。在苏区，妇女不仅政治地位得到了提升，而且在分地之后大量妇女走到了农业生产第一线，经济地位也大为提升。在"打土豪、分田地"运动中，男女在婚姻家庭上实现了平等，规定"婚姻自由、一夫一妻、禁止纳妾"等，甚至规定离婚后男子应承担更多义务。最后，破除封建迷信。在我国广大的农村地区，迷信鬼神可以说是应有尽有。在党和政府领导下，通过"打土豪、分田地"的群众运动，通过广泛的宣传教育，通过对地主剥削的揭露，逐渐破除了群众心中的迷信阴霾，取而代之的是用先进的思想和文化武装起来的头脑。

为了充分巩固土地革命成果，进一步消除农村地区的阶级矛盾，党中央先后制定颁布了一系列新的法律。

首先是制定宪法。要建立和巩固新生政权，保证群众运动的顺利开展，就要以人民的政权取代土豪劣绅的政权、以人民的权利取代土豪劣绅的权利。要剥夺土豪劣绅的政治权利，就必须通过立法来规定政权性质、政权组织、人民权利和专政对象。因此，1931 年苏区政府制定了《中华苏维埃共和国宪法大纲》，规定：中国苏维埃政权所建立的是工人和农民的民主专政国家，苏维埃全部政权属于工人、农民、红军及一切劳苦民众，工人、农民、红军及一切劳苦民众及其家属在 16 岁以上都具有普遍的选举权和被选举权，同时剥夺了军阀、官僚、地主、豪绅等剥削者和反革命分子的政治权利。中央和地方苏维埃政府出台的大量选举法进一步将人民的选举权和被选举权落到实处，完善了具体的选举制度。其次是制定土地法。苏区在分田地的过程中既有武装暴力，又有政治斗争和法律斗争，我党充分地认识到，只有借助于法律的形式才能获得持久的保障。面对这一全新的历史课题，苏区土地法经历了从实践到立法、从立法到实践的多次反复，在克服多种错误思想的基础上逐步走入完善。在没收谁的土地问题上明确没收地主的土地是苏区各时期土地法中一以贯之的内容。在土地分给谁的问题上明确分田的对象，主要是贫雇农、中农、红军及其家属、需要土地为生的失业者。土地法赋予分地之后农民的土地权属，也从早期的赋予“使用权”逐渐发展为之后的“所有权”。最后是刑法。1934 年，苏区政府制定的《中华苏维埃共和国惩治反革命条例》明确界定了反革命行为是：凡一切图谋推翻或破坏苏维埃政府及工农民主革命所得到的权利，意图保持或恢复豪绅地主资产阶级的统治者，无论用何种方式，都是反革命行为。另外，对于组织反革命武装军队及团匪、土匪侵犯苏维埃领土者，对于组织各种反革命团体反对和破坏苏维埃意图维持或恢复豪绅地主资产阶级统治者，对于以反革命为目的混入苏维埃机关或苏维埃经营的事业意图窃取或破坏苏维埃政权及其事业者，情节较重的均有可处死刑的规定。这些规定防止了土豪劣绅对分地运动的阻挠破坏和土豪的复辟及其对苏维埃政权的侵夺，从而保证了“打土豪、分田地”运动的顺利实施。

“全面小康，一个也不能少”

习近平总书记曾多次在不同的场合反复强调：“小康不小康，关键看老乡。”“全面建成小康社会，最艰巨最繁重的任务在农村，特别是集中连片特困地区。”“没有农村的小康，特别是没有贫困地区的小康，就没有全面建成小康社会。”“全面建成小康社会一个民族都不能少。”“一个都不能少”，体现了总书记对人民群众的深切关怀，更是我们党在新时代能赢得最广大人民群众支持的关键。

到底什么是“一个也不能少”，这句话有哪些含义呢?

突出“群体性”。什么是群体?群体就是在全面建成小康的路上，一个民族不能少，一个地区不能少，一个阶层不能少。之所以强调群体，主要原因是：首先，群体人数多，动辄成千上万，乃至几百万、几千万。中国农村地区的人口有6亿多人，占总人口的将近一半；截至2018年底，中国的贫困人口仍有1660多万；此外，中国还有8500多万残疾人群体。这些群体，都是数千万乃至数亿人的规模，如果达不到既定的水平，当然不能说我们已经建成了全面小康社会。其次，群体之间涉及地区平衡、民族平等、阶层和谐等重大政治社会问题，这些问题需要国家战略和政策加以调节，政府有义务解决这些问题。即使有的少数民族人口不多，也是中华民族大家庭中平等的一员。所以，决不能让一个少数民族、一个地区掉队。

注重“底线思维”。什么是“底线思维”？所谓“底线”，就是“最低要求、及格要求”，而不是“社会平均要求”。全面建成小康社会，提高与补缺是同时进行的。发达地区要继续加快提高水平，落后地区亟须加快弥补短板。不是要发达地区停步等落后地区，也不是生硬地将发达地区与落后地区拉平，而是致力于落后地区的加速发展、避免掉队。在目前情况下，中国社会的发展还不平衡，比如地区差别、城乡差别、阶层差别都比较突出。就拿城乡差别来说，城乡人均收入差近3倍，在公共服务方面存在的差别甚至更大，在短期内，这种发展差距的基本格局难以有根本上的改变。即使一些落后的农村地区以很快的速度发展，在几年的时间内也达不到现在有些发达城市的水平，另外发达城市也在发展，并不是在那儿等。就拿东西部地区之间的差距来说，西部地区即使加快发展，也难以在短期内从根本上缩小与东部地区的差距。全面小康社会要努力缩小差距，在短期内是不可能很快就实现的。从绝对水平来看，“一个都不能少”只能定在贫困线。对于发展滞后的地区、民族和阶层来说，需要努力的是达到既定的底线，即绝对水平达到多少，相对增长率达到多少。

强调“发展观念”。“发展才是硬道理”，没有一定的经济增长速度，就难以保障就业和居民增收，难以保障民生和社会稳定，更谈不上全面建成小康社会。如果没有全国经济的总体发展，就不可能实现全面小康。在落后地区，仅仅依靠全国发展的带动是不行的，还必须重点解决落后地区的内部发展。落后地区只有通过加快发展，才有可能迎头赶上，缩小与发达地区的差距。发展不仅需要外在的拉力，更需要内在的动力。全国一盘棋，短期内在政府支持下带动欠发达地区发展有一定的成效，但从长期看，提升欠发达地区的内在动力才是关键。

当前，在党中央的高度重视下，多地的扶贫工作步入了攻坚阶段。有些省市甚至把扶贫工作纳入干部年度考核标准：对扶贫成绩突出的干部予以优先提拔使用，对扶贫工作不力的干部实行“一票否决”。扶贫工作已经成了各级政府部门都高度重视的一项重要政治任务，抓好扶贫攻坚的“最后一公里”，中国共产党是一以贯之高度重视的。

永葆对人民的赤子之心

习近平总书记指出：我们要永远保持建党时中国共产党人的奋斗精神，永远保持对人民的赤子之心。他说："一切向前走，都不能忘记走过的路；走得再远、走到再光辉的未来，也不能忘记走过的过去，不能忘记为什么出发。面向未来，面对挑战，全党同志一定要不忘初心、继续前进。"①

对中国共产党来说，"初心"有着极为丰富的内涵。其中，充满热情、始终燃烧并跳动在中国共产党人胸膛中的就是那颗对人民的赤子之心。因为有了这颗赤子之心，中国共产党人才能接续奋斗，才能从过去走到今天，从今天走向未来。

在近代中国那段黑暗的岁月里，曾经有几百个政党粉墨登场，但都没有能够改变中国人民苦难的命运。1921 年中国共产党成立，从此，中国人民有了自己的先锋队，把中华民族的命运掌握在自己手里。他们为了人民翻身解放，建立了人民政权，带领人民谋幸福，建立起了前无古人的丰功伟业。从党的诞生，到经过 28 年浴血奋斗取得新民主主义革命胜利；从中华人民共和国成立，到改革开放伟大飞跃；从中国特色社会主义事业的开创，到今天向

---

① 习近平：《在庆祝中国共产党成立 95 周年大会上的讲话》，《人民日报》，2016 年 7 月 2 日第 1 版。

着“两个百年”目标奋进。共产党人始终秉持一颗对人民的赤子之心舍身奋斗，李大钊、方志敏、张思德、雷锋、焦裕禄、孔繁森等为中国人民无私奉献的共产党人，使人民坚信这个党代表他们的根本利益，使人民与中国共产党血肉相连。

对人民的赤子之心不是一时的心血来潮，而是来自共产党人对党的精神根基的深刻体悟。人民的立场是根本的政治立场，人民在共产党人心中占据最高的位置，坚持以人民为中心的发展思想，坚持人民当家作主地位，人民利益是衡量我们一切工作得失的根本标准等等，汇聚成党的根本宗旨，就是全心全意为人民服务。这就是中国共产党的精神根基，也是中国共产党人之所以能始终保持对人民赤子之心的深刻写照。另外，共产党人对人民的赤子之心还来自对人民的敬畏。代表最广大人民的根本利益是共产党作为执政党的合法性所在，也是中国共产党命运之所系。党的先进性和纯洁性说到底体现在人心向背，坚持和完善党的领导是全国各族人民的利益所在、幸福所在。永葆对人民的赤子之心从严治党，才能保持管党治党的正确方向，才能使中国共产党这颗“心脏”永远跳动在人民的躯体中。

对共产党人来说，“石可破也，而不可夺坚；丹可磨也，而不可夺赤”。永远保持对人民的赤子之心，必能不移其心、不改其志、不忘其本、不丢其魂。“共产党员跟我上！”无论是在革命战争年代枪林弹雨的战场上，还是在和平建设年代抗灾救险的危急关头，这句气吞山河的召唤，总令人血脉偾张，激情迸发，令广大党员干部随时准备为党和人民的利益牺牲一切，用自己的鲜血乃至生命，践行着自己的入党誓言。“沧海横流，方显英雄本色”“天欲坠，赖以拄其间”。在每一次民族危亡的重要关头，国家危难的关键时刻，都是由于中国共产党的正确抉择，带领人民走出苦难，冲破危机，不断走向胜利的彼岸。当前，党团结带领全国人民进行改革开放新的伟大革命，极大激发了广大人民群众的创造性，极大地解放和发展了社会生产力，极大地增强了社会发展活力，使人民生活质量显著改善，综合国力显著增强，国际地位显著提高。

在中国的历史上，民心向背历来是一个政权兴衰成败的风向标。郭沫若在《甲申三百年祭》一文中就科学总结明末李自成率领农民起义军从胜利走向失败的历史教训时提到：他们失败的最主要原因就是进京后脱离群众、腐化堕落、失去民心。这些给当时的中国共产党人以深刻警醒。从党诞生的那一刻，中国共产党人就怀着一颗为人民求解放、谋幸福的赤子之心，抛头颅、洒热血，带领全国各族人民艰苦奋斗，凝聚起了无坚不摧的力量。“最后一碗米送去做军粮，最后一尺布送去做军装，最后一件老棉袄盖在担架上，最后一个亲骨肉送他上战场……”从这首歌颂老区群众无私支援革命的民谣中，我们也不难得出结论：与人民风雨同舟、生死与共，始终保持血肉联系，是党战胜一切困难和风险的根本保证。

毛泽东曾在《坚持艰苦奋斗，密切联系群众》一文中指出：“共产党就是要奋斗，就是要全心全意为人民服务，不要半心半意或者三分之二的心三分之二的意为人民服务。”人民立场是中国共产党的根本政治立场，这是马克思主义政党区别于其他政党的显著标志。“得众则得国，失众则失国”。对中国共产党人来说，全心全意为人民服务，既是一个永久性的历史课题，更是安身立命的价值归宿。

“千磨万击还坚劲，任尔东西南北风。”无论时代如何变化，党员的宗旨意识不能丢，党密切联系群众的优良传统不能丢。“利民之事，丝发必兴；厉民之事，毫末必去。”共产党员要永葆对人民的赤子之心，就应该始终把人民放在心中最高位置，坚持全心全意为人民服务的根本宗旨，实现好、维护好、发展好最广大人民根本利益，把人民拥护不拥护、赞成不赞成、高兴不高兴、答应不答应作为衡量一切工作得失的根本标准，这样才能使我们党始终拥有不竭的力量源泉，进而带领全国各族人民不断从胜利走向胜利。

“人之命在元气，国之命在人心。”永葆对人民的赤子之心，就要深刻领会以人民为中心的发展思想，相信人民、尊重人民、服务人民。共产党是人民的政党，离开了这个根基，党就成为无根无基的党。如果没有人民群众拥护支持，我们党的事业就无从谈起，党就不能从小到大、从弱到强。在党的建设和改革发展各项工作中，我们的党组织和广大党员干部要摆正同人民群众的关系，牢记脱离群众是“最大危险”、联系群众是“最大优势”、服务群众是“最大责任”，把群众放在心中最高位置，自觉让群众在心中扎根。

“只要我们永不动摇信仰、永不脱离群众，我们就能无往而不胜”。相信谁、依靠谁、为了谁，是否始终与人民心相印共甘苦，是判断马克思主义政党的一块试金石。永葆对人民的赤子之心，就要找到工作的力量源泉，发挥人民主体作用，使改革发展成果更多更公平惠及全体人民。我们广大党员干部只有牢固确立人民群众的主体地位，真正相信人民群众是党的生命之源、力量之本、执政之基，虚心向群众学习，才能团结带领广大人民为实现“两个一百年”的宏伟目标而努力奋斗。

1949年，毛泽东同志提出了“进京赶考”的命题。历史已经证明，我们党在这场历史性大考中取得了优异成绩。但这场考试还没有结束，还在继续。永葆奋斗精神，永怀赤子之心，牢记“两个务必”，始终奋勇前行，我们就一定能向历史、向人民交出新的更加优异的答卷。习近平总书记提出的坚持不忘初心、继续前进的“八个要求”，贯穿的正是建党时中国共产党人葆有的那种奋斗精神，正是我们党对人民始终怀有的那颗赤子之心。在新的历史征程上，我们要时刻准备应对重大挑战、抵御重大风险、克服重大阻力、解决重大矛盾，关键就是永葆奋斗精神，永怀赤子之心，不能忘记走过的路，不能忘记走过的过去，不能忘记为什么出发。

五、中国共产党为什么能避免重蹈苏联覆辙，宣告历史终结论破产

1991 年 12 月 25 日，建党 93 年、执政 74 载、拥有近 2000 万党员的苏共轰然倒下，一直作为国际共产主义运动史典范和标杆的社会主义超级大国的历史从此终结。中国共产党还能带领中国人民走多久？70 多年前的国内民主人士黄炎培有过“历史周期律”的疑问，30 年前美国人弗朗西斯·福山甚至都做出了历史终结论，他认为苏联解体、东欧剧变，标志着共产主义历史的终结，历史的发展只有一条路，即西方的市场经济和民主政治。随着时间的推移，历史给了他们最好的答案：中国共产党既没有“其兴也勃焉，其亡也忽焉”，也没有进入“历史的终结点”。恰恰相反，中国共产党正带领全国人民以坚如磐石的信心、只争朝夕的劲头、坚韧不拔的毅力，在有中国特色的社会主义大道上一路向前，高歌猛进。

“跳出历史周期律”

在人类历史上，无论是西方还是中国，都会发生王朝易鼎、政权更迭的存亡绝续。中国，无论是从先秦时期的大一统到东汉末年的分三国，从隋唐的鼎盛到清朝末年的衰亡，中国历史上的政权经历兴衰治乱，往复循环，总是遵循着一定的周期在循环，这就是我们常说的“历史周期律”。苏联的解体，又一次让人们陷入了这样的思考：世界上到底有没有一个国家能够跳出“历史周期律”？时间再倒回到 1945 年 7 月，我国抗日战争胜利前夕，作为国民参政会参议员的黄炎培在延安与毛泽东有了这样一段对话：黄炎培满怀忧患问道：“我生六十余年，耳闻的不说，所亲眼见到的，真所谓‘其兴也勃焉，其亡也忽焉’，一人，一家，一团体，一地方，乃至一国，不少单位都没有能跳出这周期律的支配力……一部历史，‘政怠宦成’的也有，‘人亡政息’的也有，‘求荣取辱’的也有。总之没有能跳出这周期律的支配。”毛泽东自信地答道：“我们已经找到新路，我们能跳出这周期律。这条新路，就是民主。只有让人民来监督政府，政府才不敢松懈。只有人人起来负责，才不会人亡政息。”[①] 事后黄炎培写下了自己对毛泽东答话的感想：“我想：这话是对的。只有大政方针决之于公众，个人功业欲才不会发生。只有把每一地方的事，公之于每一地方的人，才能使地地得人，人人得事，用民主来打破这个

① 黄炎培：《八十年来》，文史资料出版社 1982 年版，第 148—149 页。

周期律，怕是有效的。”[①]这就是著名的“窑洞对”。

列宁曾经说过“没有民主，就不可能有社会主义”，“胜利了的社会主义如果不实行充分的民主，就不能保持它所取得的胜利，并且引导人类走向国家的消亡”[②]。列宁要在苏联建立一个民主的新政治制度，但他未能如愿以偿，斯大林在对苏共长达30年的领导中，不但没能实现列宁的愿望，反而让过度集权的官僚政治体制扎了根。所形成的斯大林模式的“主要特点是权力过度集中、缺乏制约监督，党内民主和人民民主缺失”[③]。他践踏党内民主，利用职权打着合法旗号，巧妙清除党内不同观点者，直至消灭党内潜在竞争者，导致苏联最终没能逃脱“历史周期律”的宿命，为后来的亡党亡国埋下了祸根。可见，民主是打破历史周期律的有力武器。我国社会主义民主是维护人民根本利益的最广泛、最真实、最管用的民主。习近平总书记在党的十九大报告中说：“发展社会主义民主政治就是要体现人民意志、保障人民权益、激发人民创造活力，用制度体系保证人民当家作主。”[④]人民代表大会制度、多党合作和政治协商制度、民族区域自治制度、基层群众自治制度，它们从不同层面、不同方式、最大限度地保证了社会

① 黄炎培：《八十年来》，文史资料出版社1982年版，第149页。

② 《列宁选集》第二卷，人民出版社2012年版，第782页。

③ 黄苇町：《苏共亡党二十年祭》，江西高校出版社2013年版，第106页。

④ 习近平：《决胜全面建成小康社会　夺取新时代中国特色社会主义伟大胜利》，《人民日报》，2017年10月28日第3版。

主义民主的实现。

其实早在“窑洞对”之前的1940年，毛泽东就曾在《新民主主义论》中第一次提出人民代表大会制度的构想，他说：“中国现在可以采取全国人民代表大会、省人民代表大会、县人民代表大会、区人民代表大会直到乡人民代表大会的系统，并由各级代表大会选举政府。”[①]1948年5月，中共中央把晋察冀边区政府和晋冀鲁豫边区政府合并为华北联合行政委员会，建立华北人民政府，任命董必武担任华北联合行政委员会主席，其间董必武主持召开了华北临时人民代表大会。华北临时人民代表大会是全国人民代表大会的前奏和雏形。1948年4月30日，中共中央发布纪念“五一”劳动节口号，号召“各民主党派、各人民团体、各社会贤达迅速召开政治协商会议，讨论并实现召集人民代表大会，成立民主联合政府”。1949年8月26日，中央要求凡是人口达3万以上的城市和各县一律召开人民代表会议。1949年9月21至30日，中国人民政治协商会议第一次全体会议在北京召开，在这次会议上通过的《中国人民政治协商会议共同纲领》第二章中规定：中华人民共和国的国家政权属于人民。人民行使国家政权的机关为各级人民代表大会和各级人民政府。中华人民共和国的成立，结束了在中国实行两千多年封建专制的统治，实现了人民民主专政的政治制度，毛泽东也履行了自己对以黄炎培为代表的各民主

① 《毛泽东选集》第二卷，人民出版社1991年版，第677页。

党派的承诺。1954 年 9 月 15 日至 28 日，经过中国历史上第一次普选产生的 1200 多名全国人大代表参加了第一届全国人民代表大会第一次会议，并由此开始建立了我国的根本政治制度——人民代表大会制度，我国人民民主进入了全新的阶段。从“豆选”“三三制”到确立人民代表大会制度，中国共产党团结带领全国各族人民成功开辟和坚持了中国特色社会主义政治发展道路，为实现最广泛的人民民主建立了体制，确立了正确方向。

中国共产党领导的多党合作和政治协商是我国社会主义民主政治一个重要特征，是中国特色社会主义民主的重要实践形式。1949 年中国人民政治协商会议召开，标志着中国共产党领导的多党合作和政治协商制度正式确立。1950 年 3 月，第一次全国统战工作会议召开，中共中央统战部部长李维汉发表了《人民民主统一战线的新形势与新任务》的讲话，他对民主党派的性质、作用和中国共产党对民主党派的基本方针政策作了明确的阐述和说明；1956 年社会主义改造基本完成后，根据我国阶级状况发生的深刻变化，同年 3 月，毛泽东在《论十大关系》中首次提出“长期共存、互相监督”的方针，实际上扩大了民主，我国社会主义民主进程又前进了一大步。

中华民族历史悠久，幅员辽阔，民族众多，除汉族外，还有 55 个少数民族。如何让 56 个民族团结一心，平等参政议政，同时又保持和不断发展少数民族自己的历史文化风俗？ 1947 年 5 月 1 日，第一个民族区域自治区——内蒙古自治区正式成立。1954 年宪法高度明确了民族区域自治的法律地位，民族区域自治制度是经过实践检验的，符合我国实际的制度，彻底改变了旧中国各民族之间的相互歧视与隔阂，充分保障了少数民族人民的利益，至此，我国的民族区域自治制度最终形成。1955 年 10 月新疆维吾尔自治区、1958 年 3 月广西壮族自治区、1958 年 10 月宁夏回族自治区、1965 年 9 月西藏自治区先后建立。几十年的实践证明，实行民族区域自治既符合历史规律的发展，也符合我国现实情况，最大限度地保障少数民族行使人民当家作主的权利，极大地促进了社会主义民族关系平等团结互助和谐发展。

我国最早的群众性自治组织出现在刚成立的中华人民共和国的城市中。1950 年 3 月，天津市成立了居民委员会，湖北省武汉市的部分街道也建立了居民代表委员会和居民小组。1954 年 12 月召开的第一届全国人民代表大会常务委员会第四次会议通过了《城市居民委员会组织条例》，第一次用法律的形式规定了居民委员会的性质、地位和作用。基本形成国家基层政权——街道办事处与作为社会群众基层自治组织的居委会相衔接的格局。这个条例的颁布，有力地推动了城市居民委员会组织的建设和发展。中国农村的群众性自治组织建设起步要晚一点。1980 年 1 月，广西宜州合寨村召开了全村户主会议，选举产生了村民委员会主任，并制定了合寨村村规民约，用以规范乡村生产生活秩序。合寨村的探索第一次在真正意义上体现了村民自我管理、自我服务、自我教育，初步形成了以“村民自治”为核心特征的乡村治理框架，为随后在中国全面推开实施的村民自治制度探索了道路、总结了经验、奠定了基础。[①]

中国实行工人阶级领导的、以工农联盟为基础的人民民主专政的国体，实行人民代表大会制度的政体，实行中国共产党领导的多党合作和政治协商制度，实行民族区域自治制度，实行基层群众自治制度。[②] 这样一套制度安排，能够有效保证人民享有更加广泛、更加充实的权利和自由，保证人民广泛参加国家治理和社会治理；能够有效调节国家政治关系，发展充满活力的政党关系、民族关系、宗教关系、阶层关系、海内外同胞关系，增强民族凝聚力，形成安定团结的政治局面；能够集中力量办大事，有效促进社会生产力解放和发展，促进现代化建设各项事业，促进人民生活质量和水平不断提高；能够有效维护国家独立自主，有力维护国家主权、安全、发展利益，维护中国人民和中华民族的福祉。[③] 有了这一系列制度的保障，中国共产党才能跳出执政的“历史周期律”，永葆生机和活力。

---

① 马池春、马华：《中国乡村治理四十年变迁与经验》，《理论与改革》，2018 年第 6 期。

② 彭海红：《论人民当家作主的制度体系》，《广西社会科学》，2018 年第 1 期。

③ 习近平：《在庆祝全国人民代表大会成立 60 周年大会上的讲话》，《人民日报》，2014 年 9 月 6 日第 2 版。

独立自主自力更生

独立自主自力更生是马列主义的一个基本原则，是毛泽东思想的重要内容和活的灵魂之一。年幼的中国共产党，把共产国际指示和苏联经验奉为真理，照搬照抄，机械执行，导致大革命的失败，给中国革命造成了巨大损失。1930 年 5 月，毛泽东在《反对本本主义》一文中明确指出："中国革命斗争的胜利要靠中国同志了解中国情况"，强调马克思主义"必须同我国的实际情况相结合"。这些观点的提出，标志着独立自主原则的初步形成。然而，以王明为代表的"左"倾教条主义者在中共中央占据了主导地位，致使第五次反"围剿"失利，红军被迫实行战略转移。在艰苦卓绝的长征途中，严峻的革命形势使越来越多的人意识到毛泽东等提出的独立自主原则的重要性和正确性，1935 年 1 月，党在长征途中召开了遵义会议，确立了毛泽东在党内的领导地位。这是中国共产党历史上第一次独立自主召开制定中国革命路线的会议，是以毛泽东为代表的中国共产党独立自主解决党内重大问题和领导中国革命的新起点。

抗日战争爆发后，中国共产党意识到只有建立广泛的统一战线，团结一切可以团结的力量才能战胜日本法西斯。毛泽东提出了"争取民族革命战争领导权"的主张，提出"统一战线中的独立自主"原则。为了总结抗战以来的斗争经验，纠正王明"左"倾教条主义的错误，明确党在民族战争中的地位，1938 年 9 月 29

日至11月6日在延安召开了党的六届六中全会。在会上毛泽东阐述了“统一战线中的独立自主问题”。周恩来在论述关于统一战线的领导权时说：“无产阶级在统一战线中应该坚持独立自主。独立自主，就是指无产阶级的独立性，他有自己独立的政策、独立的思想。他是去联合人家，而不是同化于人家。”[①]时任中共中央代表、北方局书记的刘少奇在1936年11月，发表了《领导权问题是民族统一战线的中心问题》一文，特别强调，“对于每一个重大事变和重要问题，都要根据自己的观点给以分析，提出自己独立的主张和办法，并根据自己的主张行动”[②]。此时的共产党人已经明确在统一战线中，中国共产党及无产阶级在政治上、思想上、组织上要保持独立性，独立自主思想系统已经基本形成。

在军事行动上，毛泽东于1937年8月洛川会议上提出了“独立自主的山地游击战”的作战方针，坚持了自己有用兵、组织义勇军和根据实际情况执行战役、战略方针的自由权利。1937年11月，刘少奇代表中共中央北方局起草了《独立自主地领导华北抗日游击战争》指出：“目前我党在华北就是要进一步独立自主地去领导游击战争，动员最广大的群众参加游击战争，争取广大的乡村成为游击战争的根据地，以配合华中华南的正规战争，推动国民党、国民政府及其军队的改造。”毛泽东在1938年5月发表

① 《周恩来选集》（上卷），人民出版社1980年版，第215页。

② 《刘少奇选集》（上卷），人民出版社1981年版，第50页。

的《抗日游击战争的战略问题》一文中，更加明确地表述了“战略统一下的独立自主的游击战争”的战略原则。

在经济建设上，面对日本帝国主义疯狂扫荡和国民党顽固派封锁包围，以及自然灾害造成抗日根据地财政经济困难的严重局面，毛泽东发出“自己动手，丰衣足食”的伟大号召，带领根据地军民开展了大生产运动，解决了抗日军民的物资困难。这是中国共产党独立自主自力更生原则在经济上的应用，也正是坚持这一原则，我们才最终取得了抗日战争的伟大胜利。

抗日战争胜利后，国民党的反动本质彻底暴露，悍然发动了内战，妄图将中国共产党一举扼杀。美、苏两国从各自利益出发对共产党施加压力，此时的中国共产党人明察秋毫依然坚持独立自主自力更生的原则。毛泽东 1945 年 1 月在陕甘宁边区劳动英雄和模范工作者会议上的讲话中指出：“我们不能学国民党那样，自己不动手专靠外国人”，“我们是主张自力更生的。我们希望有外援，但我们不能依赖它，我们依靠自己的努力，依靠全体军民的创造力。”1945 年 8 月 13 日，毛泽东在延安干部会议上作了《抗日战争胜利后的时局和我们的方针》的报告，提出要坚持自力更生的方针原则，强调依靠自己组织的力量，打败一切中外反动派。他指出：“我们的方针要放在什么基点上？放在自己力量的基点上，叫做自力更生。我们并不孤立，全世界一切反对帝国主义的国家和人民都是我们的朋友。但是我们强调自力更生，我们能够依靠自己组织的力量，打败一切中外反动派。”[①]1946年4月，毛泽东在《关于目前国际形势的几点估计》中指出：“各国人民仍将按照不同情况进行不同斗争。”明确提出了要把独立自主的立足点放在自力更生的基础上，这就使独立自主这一原则得到进一步的完善与发展，独立自主与自力更生开始联系在一起。中国共产党依靠这一原则和人民群众的拥护支持很快取得了解放战争的胜利，完成了新民主主义革命的历史任务。

中华人民共和国成立后，中国共产党依然坚持了独立自主、自力更生的原则。毛泽东在1949年6月总结中国革命的历史经验和指引中国未来的发展前途时庄严宣布：“中国必须独立，中国必须解放，中国的事情必须由中国人民自己作主张，自己来处理，不容许任何帝国主义国家再有一丝一毫的干涉。”1958年，毛泽东主席在《对第二个五年计划的批示》中指出：“自力更生为主，争取外援为辅，破除迷信，独立自主地干工业、干农业、干技术革命和文化革命，打倒奴隶主义，埋葬教条主义，认真学习外国的好经验，也一定研究外国的坏经验，引以为戒，这就是我们的路线。”[②]1960年苏联政府召回全部在华工作的苏联专家，销毁部分技术图纸，从而撕毁了与中国合作的几乎所有经济合同，加上连续三年全国范围内发生的严重自然灾害，使我国社会主义建

---

① 《毛泽东选集》第四卷，人民出版社1991年版，第1132页。

② 陈宏达：《自力更生与对外开放》，《东吴教学》，1990年第21期，第50页。

设面临严峻形势，党面临着严峻的考验。中国共产党始终把独立自主和自力更生的原则作为核心指南，依靠我国人民自己的力量，顶住了建设和发展压力，克服了极大的困难，发扬了艰苦奋斗的精神，继续大力推进社会主义建设。1976 年 12 月 26 日，毛泽东关于《论十大关系》的报告在《人民日报》上发表，报告进一步强调了独立自主和自力更生，主张依靠人民群众的力量发展经济，根据中国当时的实际，走中国自主的工业化道路。在军事外交上，1950 年我军进藏时，印度尼赫鲁政府曾先后三次向中方提出照会，反对中国出兵。毛泽东讲道："中国军队是必须到达西藏一切应到的地方，无论西藏政府愿意谈判与否及谈判结果如何，任何外国政府对此无置喙的余地。"①1958 年，我军炮轰金门时，美国粗暴干涉我国内政，并派军舰悍然进驻台湾海峡。毛泽东就此提出："台、澎、金、马整个地收复回来，完成祖国统一，这是我们六亿五千万人民的神圣任务。这是中国内政，外人无权过问，联合国也无权过问。"②

党的十一届三中全会以来，党中央的第二代领导集体继承和发展了毛泽东独立自主自力更生路线。1982 年 9 月，邓小平在党的十二大上致辞中特别强调："中国的事情要按照中国的情况来办，要依靠中国人自己的力量来办。独立自主，自力更生，无论过去、

① 《毛泽东外交文选》，中央文献出版社 1994 版，第 145 页。

② 《毛泽东外交文选》，中央文献出版社 1994 版，第 359 页。

现在和将来，都是我们的立足点。中国人民珍惜同其他国家和人民的友谊和合作，更加珍惜自己经过长期奋斗而得来的独立自主权利。任何外国不要指望中国做他们的附庸，不要指望中国会吞下损害我国利益的苦果。”[①] 胡耀邦也在会上作了《全面开创社会主义现代化建设的新局面》的报告，指出：“中国决不依附于任何大国或者国家集团，决不屈服于任何大国的压力。中国的对外政策是以马克思列宁主义、毛泽东思想的科学理论为基础的，是从中国人民和世界人民的根本利益出发的。它有长远的、全局的战略依据，决不迁就一时的事变，不受任何人的唆使和挑动。”[②] 1981 年 6 月 27 日，中国共产党第十一届六中全会通过的《关于建国以来党的若干历史问题的决议》中把独立自主、自力更生原则确立为毛泽东思想活的灵魂的一个基本方面。

独立自主、自力更生作为中国特色社会主义建设的基本方针，不仅丰富了马克思主义理论知识体系，同时还丰富和发展了马克思主义中国化理论，极大地促进了中国特色社会主义建设，使中国人民同世界各国人民和睦共处，携手构建人类命运共同体。独立自主自力更生的基本方针也要求我们今后和将来，要把独立自主作为一切工作的立足点，贯彻独立自主道路观，坚持独立自主的思想路线，努力实现中华民族伟大复兴的中国梦。

---

① 《邓小平思想年编》，中央文献出版社 2011 版，第 829 页。

② 《十二大以来重要文献选编》（上），人民出版社 1986 年版，第 39—40 页。

开辟有中国特色的社会主义道路

习近平总书记强调：“无论搞革命、搞建设、搞改革，道路问题都是最根本的问题。”走有中国特色的社会主义道路是中国共产党和中国人民在长期实践中逐步开辟出来的唯一正确道路，是实现民族复兴之路、国家富强之路、人民幸福之路。170多年前，马克思恩格斯发现了人类历史的发展规律，即生产力和生产关系的矛盾运动规律、经济基础和上层建筑的矛盾运动规律，在此研究的基础上，马克思做出了大胆的预测：资本主义必然灭亡和社会主义必然胜利。由此可见，中国走上社会主义道路，绝不是偶然的选择，这是历史的必然。

1840年的鸦片战争帝国主义用坚船利炮打开了我国的大门，古老的中国遇到了空前严峻的挑战，面临极其深重的生存危机。从此，中国沦为半殖民地半封建的国家。勤劳勇敢的中国人民不甘遭受奴役和屈辱，为了抵御帝国主义的侵略，寻求民族独立和人民解放的道路，开始在抗争中探索救亡图存的道路。

第二次鸦片战争后，封建地主阶级发起了“洋务运动”，他们主动学习外国先进的军事和科学技术，兴办企业、建立新式海陆军、创办新式学堂，派遣留学生，希望能以此重振封建清王朝的统治。但是，甲午一役，洋务派经营多年的北洋海军全军覆没，标志着“洋务梦”的破灭。封建地主阶级无法避开自身固有的腐朽性和局限性，最终导致“中学为体，西学为用”的救国道路失败。1851 年至 1864 年的太平天国运动，是中国历史上规模最大的农民革命，由于其自身阶级的局限性，这场声势浩大的农民运动最后以失败而告终，农民阶级寻求的救国道路也被历史宣告失败。1898 年，以康有为、梁启超为代表的维新派人士在光绪皇帝的支持下进行了一场资产阶级性质的政治改良运动。但在以慈禧太后等为首的顽固守旧势力的反对阻挠下，变法维新运动只坚持一百多天就以“戊戌六君子”的流血牺牲而终结。可见，资产阶级改良派的救国之路也走不通。1911 年，以孙中山为首的资产阶级革命派发动的辛亥革命建立了中华民国，推翻了大清王朝的封建统治，也使两千多年的封建君主专制制度土崩瓦解。但革命成果最终被以袁世凯为首的北洋军阀所窃取。正如孙中山所说：“去一满洲之专制，转生出无数强盗之专制，其为毒之烈，较前尤甚！”[①]历史再一次证明：资产阶级革命派的救国之路依然行不通。

正当处于水深火热的中国人苦苦思索，苦苦寻觅到底该由谁领导，该选择什么样的道路才能争得民族独立和人民解放之时，俄国十月革命的一声炮响给苦难深重的中国人民送来了马克思列宁主义。1919 年 5 月 4 日，北京发生了一场以青年学生为主，广大群众、市民、工商人士等中下阶层共同参与的，通过示威游行、请愿、罢工、暴力对抗政府等多种形式进行的爱国运动——五四运动。五四运动是中国人民彻底地反帝、反封建的爱国运动，中

① 《孙中山选集》，人民出版社 1981 年版，第 116 页。

华民族的历史从此翻开了崭新的篇章，新民主主义革命由此开端。在这场具有划时代意义的五四运动中，中国工人阶级已经不再是资产阶级革命的追随者，而是作为一支独立的政治力量走上了中国政治舞台，成为反帝反封建运动的中坚力量。以李大钊、陈独秀、毛泽东等为代表的中国的先进分子接受了马克思主义，并把它与中国工人运动结合起来。

1921 年 7 月，中国共产党在上海召开了第一次代表大会，宣告了中国共产党的正式成立。“革命党是群众的向导，在革命中未有革命党领错了路而革命不失败的。”[①] 此时，中国共产党带领劳苦大众应该走什么样的革命道路，这是摆在他们面前的最大问题。年幼的中国共产党最初选择“走俄国人的路”—— 夺取中心城市再建立全国政权，最终实现革命的胜利。但是，在经历过 1927 年南昌起义、秋收起义、广州起义等多次斗争失败后，以毛泽东为代表的中国共产党人开始意识到要取得革命的最后胜利，必须正视中国当时的国情，走自己的革命道路。于是将革命重心转向敌人统治力量薄弱的农村、山区，逐步形成了以农村包围城市、武装夺取政权的正确的革命道路。

正如习近平总书记所说的：“以毛泽东同志为代表的中国共产党人把马克思主义基本原理同中国具体实际相结合，科学分析中国社会的性质和特点，把武装斗争、土地革命和党的建设结合起来，

① 《毛泽东选集》第一卷，人民出版社 1991 年版，第 3 页。

创造性地解决了在中国革命实际条件下党和军队建设的一系列基本问题，逐步探索并成功开创出一条建立农村根据地、以农村包围城市、最后武装夺取全国政权的中国特色的民主革命道路。”[①]中国共产党以指导思想的科学性，自身革命的彻底性和道路选择的正确性，经过28年的艰苦斗争，带领人民打败了日本帝国主义侵略者、推翻了国民党的反动统治，推翻了压在中国人民身上的“三座大山”，终于实现了中华民族的独立和人民的解放，“不可逆转地开启了中华民族不断发展壮大、走向伟大复兴的历史进军”。[②]

中华人民共和国成立后，如何接手国民党统治留下的烂摊子，在“一穷二白”的情况下进行社会主义建设，保卫并巩固新生的社会主义政权，成为当时共产党人急需解决的重大课题。在探索中国的社会主义建设道路问题上，中国共产党既没有现成经验可供参考，也没有历史教训可以借鉴。在社会主义改造还未完成之际，毛泽东等人就开始思考如何选择一条适合中国国情的社会主义建设道路等重大问题。1956年9月，中国共产党第八次全国代表大会召开，会上党中央正确分析了国内形势和国内主要矛盾的变化，明确提出“把我国尽快地从落后的农业国变为先进的工业国”的重要任务。但是，由于各种原因，我们党错误估计了后来形势的

① 习近平：《在纪念中央革命根据地创建暨中华苏维埃共和国成立80周年座谈会上的讲话》，《人民日报》，2011年11月5日第3版。

② 《十八大以来重要文献选编》（上），中央文献出版社2014年版，第44页。

变化，并在指导思想上出现了“左”和右的倾向，最终导致全国大炼钢铁、“放卫星”、跑步进入共产主义的“大跃进”的错误，之后又开展了全国范围内的“文化大革命”运动，使探索社会主义道路的进程遭受重大挫折。1978 年 5 月，党中央凭着巨大的理论勇气和智慧，发表了《实践是检验真理的唯一标准》一文，开展了轰轰烈烈的关于真理标准问题的讨论，终于冲破“两个凡是”的束缚，为重新确立马克思主义的思想路线、政治路线和组织路线奠定了思想基础。此后，以邓小平同志为代表的中国共产党人，通过总结中华人民共和国成立以来的经验教训，对“什么是社会主义、怎样建设社会主义”做出了新的判断和论述。1978 年，党的十一届三中全会重新确立了“解放思想、实事求是”的思想路线，确定社会主义现代化建设是全党的工作重点，接着，党的十一届六中全会提出了我国社会主义还处于“初级阶段”的论断，党的十二大上又明确提出了“建设有中国特色的社会主义”的重大命题。随着改革开放的进行，与道路相适应的理论体系也在逐步形成。1987 年，中共十三大全面阐述了社会主义初级阶段理论，提出了“一个中心，两个基本点”的基本路线，制定了国民经济“三步走”的战略目标，并确立了经济体制改革和政治体制改革的基本方针，为道路自信、理论自信打下了牢固的思想根基。至此，中国共产党在改革开放实践和国民经济建设中实现了马克思主义与中国实际的第二次结合，带领全国人民开辟了有中国特色的社会主义道路。

中国共产党选择的中国特色社会主义道路是对社会主义的传承和发展，是适合中国国情的正确选择。早在改革开放之初，邓小平同志就多次强调："现在我们搞四个现代化，是搞社会主义的四个现代化，不是搞别的现代化。"改革开放 40 多年来，我们党始终牢记历史使命，矢志不渝地坚持社会主义基本原则，同时又以过人的胆识和智慧丰富和发展着社会主义理论，开创了社会主义的中国模式和中国道路。新时代在改革开放中坚持和发展中国特色社会主义依然要实现二者的有机结合。正如习近平总书记所说："科学社会主义基本原则不能丢，丢了就不是社会主义。同时，科学社会主义也绝不是一成不变的教条。"只有把科学社会主义基本原则同本国具体实际、历史文化传统、时代要求紧密结合起来，在实践中不断探索总结，才能把蓝图变为美好现实。[①]

改革创新的大智大勇

"历史从不眷顾因循守旧、满足现状者，机遇属于勇于创新、永不自满者。"[②] 改革创新是马克思主义与时俱进的理论品格，是时代精神的核心。习近平总书记曾多次强调："变革创新是推动人类社会向前发展的根本动力。谁排斥变革，谁拒绝创新，谁就

① 袁久红、夏林：《让中国特色社会主义道路走得通走得好》，《新华日报》，2018 年 10 月 23 日第 11 版。

② 习近平：《在庆祝海南建省办经济特区 30 周年大会上的讲话》，《人民日报》，2018 年 4 月 14 日第 2 版。

会落后于时代，谁就会被历史淘汰。”改革创新就是要摒弃旧的、不合理的事物，就会触动一部分人的利益，就会有阻力和抵抗，因此，改革创新需要极大的勇气和智慧。中国共产党就是以这种改革创新的大智大勇自觉投身时代潮流，破除一切顽瘴痼疾，引领全体中华儿女不断奋进共筑中国梦。

毛泽东思想的形成发展是中国共产党改革创新大智大勇的集中体现。以毛泽东同志为代表的中国共产党第一代中央领导集体在对中国革命的实践和历史经验进行深入总结的基础上以莫大的勇气和智慧创新发展了马克思主义，是马克思列宁主义在中国的运用和发展，是被实践证明了的关于中国革命和建设的、正确的理论原则和经验总结，实现了中国革命道路模式创新、社会主义建设路径创新及党的指导理论的创新。中国共产党正是在毛泽东思想的指引下领导中国人民推翻了三座大山，建立了新中国。[①] 并顺利地进行了社会主义改造，完成了从新民主主义到社会主义的过渡，建立了社会主义基本制度，发展了社会主义的经济、政治和文化。正如邓小平指出的“毛主席最伟大的功绩是把马列主义的原理同中国革命的实际结合起来，指出了中国夺取革命胜利的道路。”“没有毛主席，至少我们中国人民还要在黑暗中摸索更长的时间。”[②]

---

① 曾长秋：《马克思主义中国化：毛泽东的理论创新及其启示》，《毛泽东研究》，2014 年第 1 期。

② 《邓小平文选》第二卷，人民出版社 1994 年，第 345 页。

以邓小平同志为主要代表的党的第二代中央领导集体接过领导中国进行社会主义建设的接力棒，为中国特色社会主义理论的形成奠定了基础，开启了改革开放新的征程，推进了中国特色社会主义新道路，再次展现了对社会主义实践和马克思主义理论创新发展的大智大勇。1978年底，以邓小平同志为主要代表的共产党人抛弃了“以阶级斗争为纲”错误路线，党的十一届三中全会重新恢复和确立了“一切从实际出发，理论联系实际，实事求是，在实践中检验和发展真理”的思想路线，做出了以经济建设为中心、推进改革开放的重大决策，为中国特色社会主义建设指明了方向，明确了标准，实现了马克思主义基本原理和中国具体实际相结合的第二次理论飞跃。改革开放的历程，是不断实事求是、理论联系实际的创新过程，与当代中国的经济发展、社会进步、制度完善紧密联系在一起，决定性地影响着当代中国治国理政的各个环节。攻坚克难，解决各种复杂深层问题，需要我们不断总结改革开放的理论发展，凝聚改革开放的创新勇气，使之成为当代中国发展的精神共识和价值标准，不断推进有中国特色的伟大社会主义实践。“解放思想，实事求是”是邓小平理论的精髓，是对马列主义毛泽东思想的继承和发扬，更是创新与发展。邓小平同志坚持一切从中国的国情出发，结合中国的时代特征，坚持马克思主义思想，既能继承前人更能突破常规。邓小平同志关于“摸着石头过河”“计划和市场都是经济手段而不是社会主义和资本主义的本质区别”“黑猫白猫论”“先富带动后富，最后达到共同富裕”等这些形象而又生动的理论观点，以及推动家庭联产承包责任制等生产经营方式，都体现了以邓小平同志为代表的中国共产党人改革创新的大智大勇，开创了中国特色社会主义成功之路，实现了改革开放初期中国对马克思主义中国化的创新。

从党的十三届四中全会到党的十六大的十三年中，一方面，东欧剧变和苏联解体，霸权主义和强权政治有新的表现，西方敌对势力“西化”“分化”亡我之心不死；另一方面，经济全球化进程进一步加快，发展机遇稍纵即逝；再有，在新的世情、国情影响下，我们党作为执政党的历史方位和党员队伍构成也在悄悄发生变化，是保守前行还是大胆创新，继续走自己的路？这些都是中国共产党所面临的前所未有的机遇和挑战，同时又是一个崭新课题。以江泽民同志为核心的党的中央领导集体，给出了最好的回答：“要使实事求是、探索求知、崇尚真理、勇于创新的精神，在全党全社会大大发扬起来，推动党和国家的各项工作创造性地向前发展。”[①] 中国共产党继续带领中国人民坚持改革开放、与时俱进，确立社会主义市场经济体制，推进党的建设新的伟大工程，把有中国特色的社会主义伟大事业成功推向 21 世纪。为此，江泽民同志集中全党的智慧提出了“三个代表”重要思想，探索出了一系列加强党的建设的新思路和新举措，发展和丰富了关于党的建设理论。“三个代表”重要思想，“是根据我们党的性质、宗

① 江泽民：《论“三个代表”》，中央文献出版社 2001 年版，第 73 页，第 46 页。

旨和历史经验、现实需要提出来的，也是为了在新的时期新的实践中更好地全面落实毛泽东思想、邓小平理论关于党的建设的要求提出来的”[①]，为推进党的建设新的伟大工程提供了强大理论武器。

党的十六大以来，以胡锦涛同志为代表的中国共产党人，立足社会主义初级阶段基本国情，总结中国特色社会主义建设实践，借鉴国外发展经验，提出了科学发展观这一重大战略思想。科学发展观是马克思主义同当代中国实际和时代特征相结合的产物，是马克思主义关于发展的世界观和方法论的集中体现，对新形势下实现什么样的发展、怎样发展等重大问题做出了新的科学回答，把我们对中国特色社会主义规律的认识提高到新的水平，开辟了当代中国马克思主义发展新境界。[②]

胡锦涛同志还同时指出：“全党同志要牢记历史使命，永远保持谦虚、谨慎、不骄、不躁的作风，永远保持艰苦奋斗的作风，勇于变革、勇于创新，永不僵化、永不停滞，不动摇、不懈怠、不折腾，不为任何风险所惧，不被任何干扰所惑，坚定不移沿着中国特色社会主义道路奋勇前进。”[③]

---

① 《江泽民文选》第三卷，人民出版社 2006 年版，第 128 页。

② 胡锦涛：《坚定不移沿着中国特色社会主义道路前进 为全面建成小康社会而奋斗——胡锦涛同志代表第十七届中央委员会向大会作的报告摘登》，《人民日报》，2012 年 11 月 8 日第 2 版。

③ 胡锦涛：《在庆祝中国共产党成立 90 周年大会上的讲话》，《人民日报》，2011 年 7 月 1 日第 2 版。

历史的车轮滚滚向前，中国共产党带领中国人民改革创新的大智大勇有增无减。党的十八大以来，以习近平同志为核心的党中央，号召“全党同志一定要登高望远、居安思危，勇于变革、勇于创新，永不僵化、永不停滞，团结带领全国各族人民决胜全面建成小康社会，奋力夺取新时代中国特色社会主义伟大胜利”①。同时以政治家的战略眼光，从全新的视角进一步深化了对共产党执政规律、社会主义建设规律和人类社会发展规律的认识，创立了习近平新时代中国特色社会主义思想。这一重大思想从理论和实践结合上系统回答了新时代坚持和发展什么样的中国特色社会主义、怎样坚持和发展中国特色社会主义这个重大时代课题。习近平新时代中国特色社会主义思想是马克思主义中国化最新的成果，开辟了马克思主义新境界、中国特色社会主义新境界、党治国理政新境界、管党治党新境界，使马克思主义中国化实现了一次新的飞跃、达到了一个新的起点。②

---

① 习近平：《决胜全面建成小康社会 夺取新时代中国特色社会主义伟大胜利》，《人民日报》，2017 年 10 月 28 日第 1 版。

② 王晓辉：《深刻领会习近平新时代中国特色社会主义思想的核心要义和创新观点》，《 人民日报 》，2017 年 11 月 23 日第 7 版。

六、中国共产党的领导为什么是中国特色社会主义的最大优势

党的十九大报告指出："中国特色社会主义最本质的特征是中国共产党领导，中国特色社会主义制度的最大优势是中国共产党的领导。"相比于资本主义社会、传统的社会主义社会，中国特色社会主义有自身特有的优势，比如人民代表大会制度，中国共产党领导的多党合作和政治协商制度，公有制为主体、多种所有制经济共同发展的基本经济制度，等等。其中，中国共产党的领导是最大优势，中国特色社会主义的开拓、探索、发展都离不开中国共产党坚强的正确的领导。为什么党的领导能成为中国特色社会主义最大优势呢？原因是多方面的，主要包括丰富先进的理论指导、居于"生命线"地位的思想政治工作、完善健全的组织体系、科学高效的民主集中制、实事求是的群众路线等。

不断推动马克思主义中国化

近代以来，西方列强靠着坚船利炮侵略、掠夺中国，中国人民奋起反击，反侵略的斗争也是一波未平一波又起，但由于长时

间的闭关锁国、故步自封，和西方列强之间的巨大差距导致我们终究还是败下阵来。随着一系列不平等条约的签订，更将我国推进半殖民地半封建社会的深渊，社会生灵涂炭、民不聊生。各阶级、各派别先进的知识分子开始不断探索追寻救国救民的真理。林则徐“从闭关自守的状态中觉醒，睁眼看世界”，帮助国人开始认识“西洋”；魏源提出“师夷长技以制夷”的主张，标志着向西方学习的开启；太平天国农民战争的爆发显示了社会底层人民的力量；洋务运动推动了对社会生产力、教育、国防等的发展；从“百日维新”对资产阶级的改良，到“辛亥革命”作为反帝反封建斗争的起点，近80年的奋斗尽管轰轰烈烈，终以失败而告终。从世界范围看，国际形势错综复杂，世界各列强忙于殖民扩张，战争不断，人民处在水深火热之中，特别是第一次世界大战暴露出资本主义制度的弊端使中国先进的知识分子开始怀疑其阶级政策的可行性。俄国十月革命的胜利对中国先进分子产生了巨大影响，最重要的是送来了马克思列宁主义。自此，中国先进分子开始“用无产阶级的宇宙观作为观察国家命运的工具，重新考虑自己的问题。走俄国人的路——这就是结论”[①]。

正是在这样的历史条件下，马克思主义与中国工人运动相结合的产物——中国共产党应运而生，自此，中国大地上出现了以马克思主义为指导的代表工人阶级的政党。他们始终坚持在斗争

---

① 《毛泽东选集》第四卷，人民出版社1991年版，第1471页。

实践中运用马克思主义的立场、方法、观点，回答和解决中国出现的一系列问题。历史和实践充分证明，中国共产党从无到有、从小到大、从弱到强，其中一个重要的原因就是始终坚持马克思主义这一理论优势。

1936年，年仅26岁的艾思奇出版了《大众哲学》。他循着前人的理论脚步，以通俗的语言、贴近大众的事例对马克思主义哲学进行了通俗阐释，被广大百姓所接受、理解。群众学习马克思主义理论的积极性被动员起来，他们奔走相告，广泛传播马克思主义，支持和拥戴尚且年轻的共产党，时刻准备着为推动革命的胜利贡献自己的力量。1938年4月，艾思奇在《哲学的现状和任务》一文中，首次提出了“马克思主义哲学中国化、现实化”的命题。1938年10月，毛泽东同志在中共六届六中全会上，提出“马克思主义中国化”这一科学理论，并要求一代代地传承发展下去。

回眸我们党百年奋斗史，即是一部马克思主义中国化的成长史。以救亡图存、民族独立、人民解放为目标的新民主主义革命，以毛泽东同志为代表的一大批共产党人，前赴后继，将马克思主义基本原理融入中国革命的具体实践，形成了毛泽东思想，首次实现了马克思主义中国化历史性飞跃，中华民族“站起来”了。进入新时期，中国共产党人立足马克思主义，积极探索适合我国国情的发展道路，接续拼搏，不忘初心，以邓小平、江泽民、胡锦涛为代表的中国共产党人，认真分析总结国内外经验教训，以解决温饱问题和建立小康社会为阶段性目标，将马克思主义基本原理融入改革开放的具体实践，开创了中国特色的社会主义发展道路，使国家大踏步发展，综合国力实现跃升，逐步形成了包括邓小平理论、“三个代表”重要思想、科学发展观在内的中国特色社会主义理论体系，完成了马克思主义中国化第二次历史性飞跃，中华民族“富起来”了。党的十八大以来，以习近平同志为核心的党中央，紧跟新时代的步伐，紧紧围绕以实现中华民族伟大复兴为目标的中国梦，将马克思主义基本原理融入新时代中国具体实践，科学系统回答了在新时代背景下应该坚持和发展什么样的中国特色社会主义、怎样坚持和发展中国特色社会主义的重大关键性问题，继而有针对性地系统地提出一系列治国理政的新思路、新理念、新举措，相继出台诸多大政方针，大力推进一系列重大工作，解决了许多长期困扰我们党却一直未能解决的难题，办成了影响重大却一直未能实现的大事要事，创立形成了习近平新时代中国特色社会主义思想，又一次实现了马克思主义中国化的历史性飞跃，中华民族“强起来”了。

实践无止境，理论创新无止境，新时代热切呼唤思想理论创新。马克思主义中国化是中国特色社会主义长期不变的源头活水，不断为新时代新征程提供思想指导和道路引领，为我国实现更成熟的发展、展现更主动的姿态、完成更强有力的决断，进而走近世界舞台中心，源源不断地提供鲜活的思维、方法、手段。

习近平总书记指出：“在人类思想史上，就科学性、真理性、影响力、传播面而言，没有一种思想理论能达到马克思主义的高度，也没有一种学说能像马克思主义那样对世界产生了如此巨大的影响。这体现了马克思主义的巨大真理威力和强大生命力。”[①]马克思主义中国化的不断发展，与时俱进彰显出巨大的活力。新时代以习近平同志为核心的党中央毫不动摇地坚持马克思主义，用科学的态度对待马克思主义，为全社会立了标杆、树了典范。面对社会上出现的一些背弃甚至反对马克思主义、教条僵化地对待马克思主义、不能与时俱进地研究马克思主义等错误思想倾向，以及网络等新兴媒体出现的一些混淆视听的杂音，如果我们不加以警惕和防范，就有可能不得不吞下背弃马克思主义的恶果。

当今世界正处于大发展大变革大调整时期，中国共产党想要领导一个近 14 亿人口的大国破解新的困难和挫折，就必须坚定马克思主义信仰，不断推进马克思主义中国化进程。习近平总书记说：“我们要以更加宽阔的眼界审视马克思主义在当代发展的现实基础和实践需要，坚持问题导向，坚持以我们正在做的事情为中心，聆听时代声音，更加深入地推动马克思主义同当代中国发展的具体实际相结合，不断开辟 21 世纪马克思主义发展新境界，让当代中国马克思主义放射出更加灿烂的真理光芒。”[②] 21 世纪马克思主义中国化面临着前所未有的新挑战，国内经济出现下行、

① 《深刻认识马克思主义时代意义和现实意义　继续推进马克思主义中国化时代化大众化》，《人民日报》，2017 年 9 月 30 日第 1 版。

② 习近平：《在庆祝中国共产党成立 95 周年大会上的讲话》，《人民日报》，2016 年 7 月 2 日第 2 版。

维护政治安全和社会稳定的双重压力、资源环境和能源安全等问题，国际社会出现的新情况新问题，如世界经济复苏乏力、大国之间频发的贸易战、超级强国单极世界的霸权主义行径、世界范围内局部的冲突和动荡、领土争端日益凸显、全球性问题日益加剧，这不仅是国际社会亟待解决的问题，也为占据更重要国际地位的我们提出了更高的要求，中国共产党人只有坚持马克思主义不动摇，坚守马克思主义信念，运用科学分析、严谨求实、靠实践检验的方法，不断推进马克思主义中国化，发挥这一巨大的理论优势，才能永葆青春与活力，奏响最强健的中国声音，给出最响亮的中国答案，实现中华民族伟大复兴的中国梦。

强有力的思想政治工作

在我们党的建设和发展过程中，思想政治工作贯穿始终，它是我们党的优良传统和政治优势。

自中国共产党召开一大制定自身的纲领开始，经过长时间的革命实践，建立红军、创建革命根据地，逐步形成符合中国自身实际的革命理论。我们党也逐渐认识到思想政治工作即是自己的政治优势。

翻开党的思想政治工作的发展史就不得不提我党我军早期的领导人之一刘伯坚，他自幼就显示出过人的聪明才智，加之自身崇高的理想追求，出国勤工俭学期间接触并阅读研究了大量的马克思主义经典著作，非常认同共产主义思想，后与周恩来等一起组建了旅欧中国少年共产党。在他赴莫斯科东方劳动者大学学习期间被推选为中共旅莫书记，任期内做了大量的工作，为共产党早期思想建设打下了基础。

1926 年，刘伯坚回国后，在国民联军中担任总政治部副部长。他每天坚持工作 18 个小时以上，他的主要职责是在各个军建立完善政治工作机构，这些机构发挥了重大作用，凝聚了军心、振奋了士气，部队因此不断壮大，很快达到 20 多万人，为日后转战甘、宁，挺进陕西的战争胜利创造了条件。此时刘志丹等中共中央派遣的 200 余名干部也在刘伯坚的统一安排下分配到各部队中担任政工干部，发挥了重要的作用，为日后共产党开展思想政治工作培养锻炼了一批骨干。特别是在此期间创新性对旧式军阀军队的改造，为共产党改造旧军队的政治工作提供了宝贵的经验。

1931 年，刘伯坚参与领导的宁都起义，毛泽东给予“以宁都起义的精神用于反对日本帝国主义，我们是战无不胜的！”的极高评价。起义后，刘伯坚任中国工农红军第一方面军第五军团政治部主任，他依靠丰富的经验，同时也非常善于创新，立足实际，迅速将这支整编国民党军后的军团改造为一支崭新的无产阶级革命军队，实现了我们党开展统一战线工作的一大壮举。“红一军团打先锋，攻无不克；红五军团殿后，守无不固”的佳话在红军中广为流传。

这样一位党和军队的早期领导人由于在政治工作方面的辉煌业绩于 2009 年被评为“100 位为新中国成立作出突出贡献的英雄

模范人物”，被毛泽东誉为“我党我军政治工作第一人”，他一生的奋斗史充分证明了共产党依靠思想政治工作掌握军队，从而取得了革命和建设一次又一次的胜利。

毛泽东在 1945 年论述：“我们党在自己的二十四年奋斗中，克服了和正在克服着这些错误思想，使得我们的党在思想上极大地巩固了。我们党现在已有一百二十一万党员。其中绝大多数是在抗日时期入党的，在他们之中存在着各种不纯正的思想。在抗日以前入党的党员中，也有这种情形。几年来的整风工作收到了巨大的成效，使这些不纯正的思想受到了很多的纠正。今后应当继续这种工作，以‘惩前毖后、治病救人’的精神，更大地展开党内的思想教育。……因此，掌握思想教育，是团结全党进行伟大政治斗争的中心环节。如果这个任务不解决，党的一切政治任务是不能完成的。”[①] 顾名思义，这里所说的“思想教育”即思想政治工作。

思想政治工作是一切工作的生命线。1942 年毛泽东同志提出：“掌握思想领导是掌握一切领导的第一位”[②]；1955 年，毛泽东做出了“政治工作是一切经济工作的生命线。在社会经济制度发生根本变革的时期，尤其是这样”[③] 的论断，充分揭示了政治工作举足轻重的地位。“文化大革命”的爆发对政治工作的“生命线”

---

① 《毛泽东选集》第三卷，人民出版社 1991 年版，第 1094 页。

② 《毛泽东文集》第二卷，人民出版社 1993 年版，第 435 页。

③ 《毛泽东文集》第六卷，人民出版社 1999 年版，第 449 页。

地位造成了巨大冲击，后经拨乱反正，“思想政治工作是经济工作和其他一切工作的生命线”的论述写入党的十一届六中全会决议。尔后，以江泽民同志和胡锦涛同志为代表的中央领导集体同样不断强化思想政治工作的“生命线”地位。江泽民同志指出“党的思想政治工作之所以成为经济工作和其他一切工作的生命线，这是由它的职能和作用决定的。只有充分发挥党的思想政治工作这一政治优势，才能保证经济工作和其他一切工作的正确发展方向，才能保证党的路线方针政策落实到各项工作和群众中去，才能及时排除和战胜各种错误东西的干扰，才能巩固和发展全国各族人民共同奋斗的思想政治基础，从而为经济工作和其他一切工作提供强大的动力和保证。对思想政治工作的这种重要作用和重要地位，全党同志特别是各级领导干部必须充分认识”。[①]2014年，习近平总书记在古田全军政治工作会议上强调：“军队政治工作的时代主题是，紧紧围绕实现中华民族伟大复兴的中国梦，为实现党在新形势下的强军目标提供坚强政治保证。全军必须坚持以马克思列宁主义、毛泽东思想、邓小平理论、‘三个代表’重要思想、科学发展观为指导，贯彻党中央关于全面推进依法治国和从严治党的部署要求，贯彻依法治军、从严治军方针，紧紧围绕我军政治工作的时代主题，加强和改进新形势下我军政治工作，充分发挥政治工作对强军兴军的生命线作用”。“革命的政治工

① 《江泽民文选》第三卷，人民出版社2006年版，第84页。

作是革命军队的生命线。实行革命的政治工作，保证了我军始终是党的绝对领导下的革命军队，为我军战胜强大敌人和艰难险阻提供了不竭力量，使我军始终保持了人民军队的本色和作风”。[①]

从思想政治工作“生命线”的提出及其地位逐步确立的过程中不难发现，长期坚持思想政治工作生命线地位有助于发展和完善中国特色社会主义，为实现中华民族伟大复兴的中国梦提供不竭动力。进入新时代，世情国情党情急剧变化，也对我们党的思想政治工作提出了更大、更严峻的挑战，只要毫不动摇地坚持思想政治工作这一政治优势，发挥政治工作的优良传统，不断创新方法手段，就一定能永远立于不败之地。

科学严密的组织体系

组织体系是共产党的“神经”和“骨头”，赋予了党生命和力量。我们党从诞生的那天起，始终把组织体系建设放在重要位置，经历了从无到有、逐步健全完善到壮大的过程，数量也由成立之初的区区 8 个各地组织、五十几人的小党一步步发展到现在拥有 400 多万个基层党组织、9000 多万名党员的大党。执政 70 多年来，带领近 14 亿人口的发展中大国不断从胜利走向新的胜利，关键在于健全完备的组织体系有效确保了党中央各项决策指示不打折扣地

① 《全军政治工作会议在古田召开 习近平出席会议并发表重要讲话》，新华网，2014 年 11 月 1 日。

得到贯彻和落实，效率之高，无出其右。

纵观中国共产党的发展史，一个突出的特点就是我们党能及时洞察分析世情，适应外在巨大的变化节奏，调整建强各类组织，为各个时期我们党的建设发展提供坚强的组织保障，体现了巨大的组织优势。

党的一大制定了组织建设的原则，标志着组织建设的开端；党的二大形成的第一个党章明确了党组织建设的一些细则；党的三大规定共产党员可以以个人身份加入国民党，标志着第一次国共合作的形成；党的四大适应当时革命发展的需要，决定“凡有党员三人以上均得成立一支部”的党组织发展形式。

土地革命战争期间，“八七会议”形成了“武装反抗国民党”的总方针，指引了组织建设的方向；三湾改编确立了支部建在连上的组织制度，是我党组织建设史上的关键一步；遵义会议确立了毛泽东同志的领导地位，成为我国革命转危为安的一个转折点。

抗日战争期间，党组织发展迅速，特别是在开辟的敌后抗日根据地。到抗战胜利时，我党已经扩大到有几万个支部、120 多万党员的规模。解放战争时期，党的七届二中全会标志着组织建设的重心向城市转移，为党掌握执政权提供了组织准备。

1951 年，党的第一次全国组织工作会议召开，做出了整顿基层党组织的决定，并大力发展新党员和基层党组织，党组织建设进入高速发展时期，到 1954 年底，新建基层党支部 17 万个，发展新党员 282 万余人，为党组织注入了新鲜血液；党的八大严格党员规范，要求调动发挥广大党员的热情，提高积极性，决定将县以上党的各级代表大会改为常任制，便于更好地发挥其作用，同时着重强调加强对干部的培养；而后“文化大革命”中曾提出“踢开党委闹革命”，自上而下的全面夺权，打倒走资本主义道路的走资派，对党的组织体系和干部建设造成了重大破坏，值得深思和警醒。

自党的十一届三中全会开始，党组织建设经历了拨乱反正、重塑发展的过程，以解决历史遗留问题、平反冤假错案、加强干部队伍建设、强化党员管理为重点，取得了很好的成效。到党的十一届四中全会后，党的组织建设展现了欣欣向荣的新风貌，迎来了高速的发展期，特别是不断推进的干部人事制度改革，成效明显。党的十六大以来，党组织建设在科学发展中不断前行，党的十七大明确提出加强以执政能力和先进性建设为主线的党组织建设；基层组织建设也取得了明显成效，牢固了党的组织根基，进一步增强了党员队伍的战斗力。党的十八大以来，狠抓从严管党治党，强化各级组织和全体党员的纪律意识和规矩意识；不断夯实基层组织基础，基层党组织能力明显提升，更好地发挥其战斗堡垒作用；各级党组织严把从入口到培养、考核的各个关节，特别是对不合格党员的处理毫不含糊，坚持从快从严，党员队伍的整体素质得到显著提高。

迈入新时代，更需要继承和发扬我党的组织优势，维护好以习近平同志为核心的党中央的坚强领导，持续不懈地加强组织体系建设。

习近平总书记在全国组织工作会议上深刻阐述了新时代党的组织建设路线，强调指出“以组织体系建设为重点”，这是我党历史上首次明确组织体系建设的重要地位。他同时指出：“进入新时代、开启新征程，必须更加注重党的组织体系建设，不断增强党的政治领导力、思想引领力、群众组织力、社会号召力，把党员组织起来，把人才凝聚起来，把群众动员起来，为实现党的十九大提出的宏伟目标团结奋斗。”[①] 这为加强各级组织建设指明了方向，提供了科学管用的方法，需要我们在具体实践中贯彻落实和发展。

我们党在长期探索和实践的过程中，形成了从党的中央组织、到各级地方组织、落脚到基层组织严密的自上而下的组织体系，彰显了巨大的组织优势。党中央统揽大局、制定方针路线和政策，拥有绝对的权威。党的地方组织起着连接上下的纽带作用，必须确保党中央的决策部署迅速贯彻落实，必须时刻与党中央保持高度一致，令必行、禁必止，同时要注重把好方向、顾全大局。党的基层组织与广大党员联系最为紧密，需要做好细致入微的工作，紧贴实际、激发自觉，确保每名党员干部时时事事处处树牢“四个意识”，在思想上组织上行动上同党中央保持高度一致，充分发挥好先锋模范作用。

百年来，我们党的发展经历了翻天覆地的变化，纵观我们党领导的组织建设发展史，取得了辉煌的成就。

---

① 习近平：《在全国组织工作会议上的讲话》，人民出版社 2018 年版。

领导班子和干部队伍建设成效明显，形成了较为成熟的干部工作路线，在总结历史经验的基础上，进入新时代，习近平总书记强调建立“以德为先、任人唯贤、人事相宜”的选拔任用体系，挑选使用干部必须坚持政治上过硬、靠得住，衡量一个干部的优劣，首先看政治忠诚、政治定力、政治担当、政治能力、政治自律是否过硬。这是做好干部工作的要点。针对干部队伍的结构不断优化，习近平总书记提出要着力集聚爱国奉献的各方面优秀人才，努力建设一支矢志爱国奉献、勇于创新创造的优秀人才队伍；要做好年轻干部工作，培养造就一代又一代可靠接班人。围绕干部队伍能力素质不断增强，习近平总书记提出要做好干部培育、管理、使用工作，明确了从培养培训、监督考核、实践锻炼等方方面面的内容，不断推进干部队伍能力水平的再升级。

基层党组织建设不断深化，不仅体现在数量上的增加，更体现在质量上的提升；党员覆盖面进一步拓展，有效适应社会更为迅速的变化，为更多行业的快速发展提供了坚强的组织保证；党组织的活动形式丰富多样，生动活泼，实效明显；尤其注意严格把控带头人选拔的入口关，注重强化其能力素质的培养和在实际工作中的锻炼；基层严密的组织体系有效促进战斗力的提升，执政能力和为人民服务的本领显著增强。

组织制度建设不断完善，集中体现在党员队伍建设、基层组织建设、干部人事制度建设、党内民主建设中，为党组织形成坚强的战斗堡垒提供了更为坚实的制度保障。

新时代，党要带领全党和全国各族人民深化改革，攻艰克难，顺利实现中华民族伟大复兴的中国梦，必须始终不渝建立健全组织体系，发挥组织优势，才能谱写出新时代中国特色社会主义的新篇章。

认真贯彻民主集中制

国际共产主义运动之所以开展得轰轰烈烈，离不开制度的保障。1903 年，列宁首次提出“集中制”，并在具体实践的过程中逐步修正，逐步改为更为准确的“民主集中制”。他强调：“共产党只有按照高度集中的方式组织起来，在党内实行近似军事纪律那样的铁的纪律，党的中央机关成为拥有广泛的权力、得到党员普遍信任的权威性机构，只有这样，党才能履行自己的义务。”①

列宁提出的民主集中制为我们建设无产阶级政党提供了思想指导，作为共产国际一支部的中国共产党自然而然将“民主集中制”这一原则贯彻下去，并于中共六大将其正式写入党章，规定：“组织原则：中国共产党与共产国际的其他支部一样，其组织原则为民主集中制。”②这也意味着民主集中制在我党的正式确立。从党的六大开始到党的十九大这一制度也在摸索中逐步完善和发展。党

① 《列宁选集》第四卷，人民出版社 2012 年版，第 254 页。

② 《列宁毛泽东和邓小平论民主集中制》（附录），中国方正出版社 1994 年版，第 285 页。

的七大时将其概括为“民主集中制，即是在民主基础上的集中和在集中领导下的民主”[①]，影响极为深远；后受到“文化大革命”的巨大冲击，造成了“大大地向后倒退了，特别是把民主集中制搞乱了”[②]；党的十一届三中全会作为党历史上一次重大的转折，指出“由于在过去一个时期内，民主集中制没有真正实行，离开民主讲集中，民主太少，当前这个时期特别需要强调民主，强调民主和集中的辩证统一关系”[③]，这是对过去执行民主集中制情况的深刻反省；经过党的十二大到党的十九大的长期探索，这一制度逐渐成熟，发挥了巨大的优势，为党的执政地位提供了坚强的制度保证。“党的历史反复告诉我们：什么时候民主集中制坚持得好，党就风清气正、充满生机活力，党的事业就蓬勃发展；什么时候民主集中制受到破坏，党内矛盾和问题就会滋生蔓延，党的风气就会受到损害，党的事业就会遭遇挫折。民主集中制是我们党不能丢的光荣传统、不能变的宝贵基因，要保证党的创造力、凝聚力、战斗力，保证党始终成为中国特色社会主义事业的坚强领导核心，就必须牢牢坚持民主集中制这个最大制度优势。”[④]

党的十八届六中全会指出：“民主集中制是党的根本组织原则，是党内政治生活正常开展的重要制度保障。”习近平总书记

① 《论民主和民主集中制》，中国社会科学出版社 1995 年版，第 117 页。
② 《论民主和民主集中制》，中国社会科学出版社 1995 年版，第 118 页。
③ 《三中全会以来重要文献选编》（上），人民出版社 1982 年版，第 10 页。
④ 郑平：《坚持民主集中制这个最大制度优势》，《求是》，2017 年第 6 期。

强调："民主集中制是我们党的根本组织制度和领导制度，它正确规范了党内政治生活、处理党内关系的基本准则，是反映、体现全党同志和全国人民利益与愿望，保证党的路线方针政策正确制定和执行的科学的合理的有效率的制度。因此，这是我们党最大的制度优势。"[①] 我们党的制度纵有千万条，民主集中制是根本，它是我们党区别于任何其他非马克思主义政党的最本质的标志之一，是需要我们党长期坚持的根本制度，永远不能丢，永远不能变，只有这样才能使党形成一个强有力的中央领导集体，真正做到，少数服从多数，下级服从上级，全党服从中央，确保党制定和执行正确的路线方针政策，确保党的团结统一，确保党内政治生活顺利进行。

中国共产党实行集体领导下的分工负责制。党的十八大以来，党中央高度强调党中央权威和集中统一领导。习近平总书记曾就民主集中制做出过形象的比喻，强调坚持党的民主集中制，必须坚决维护党中央的领导核心与权威。2003 年 11 月，时任浙江省委书记的习近平在新任市县党政"一把手"民主集中制专题研讨班上指出："这好像一个乐队，只能有一个指挥，离开了指挥，乐队的演奏不协调，大家各自的声音变成了'杂音'，就不成完美的乐曲了。""将者，士之心也。"就像一支成熟的军队，只能有一名将领作为核心指挥作战训练；一个乐队也

① 习近平：《始终坚持和充分发挥党的独特优势》，《求是》，2012 年第 15 期。

只有一个指挥；同样地，一个领导集体必须树立且只能树立一个领导核心。邓小平同志指出，“党是一个战斗的组织，没有集中统一的指挥，是不可能取得任何战斗胜利的”。[①]他还强调：“任何一个领导集体都要有一个核心，没有核心的领导是靠不住的。第一代领导集体的核心是毛主席。因为有毛主席作领导核心，‘文化大革命’就没有把共产党打倒。第二代实际上我是核心。因为有这个核心，即使发生了两个领导人的变动，都没有影响我们党的领导，党的领导始终是稳定的。”[②]党的十八届六中全会公报指出：“一个国家、一个政党，领导核心至关重要。”全会确立了习近平同志党中央的核心，全党的核心的地位，正式提出“以习近平同志为核心的党中央”，这是党和国家政治生活中的一件大事，是历史的选择，众望所归，当之无愧，是党和国家的根本利益所在。全会指出：“全党必须自觉在思想上政治上行动上同党中央保持高度一致。党的各级组织、全体党员特别是高级干部都要向党中央看齐，向党的理论和路线方针政策看齐，向党中央决策部署看齐，做到党中央提倡的坚决响应、党中央决定的坚决执行、党中央禁止的坚决不做。”习近平总书记强调：“遵守党的政治纪律，最核心的，就是坚持党的领导，坚持党的基本理论、基本路线、基本纲领、基本经验、基本要求，

① 《邓小平文选》第一卷，人民出版社 1994 年版，第 233—234 页。

② 《邓小平文选》第三卷，人民出版社 1993 年版，第 310 页。

同党中央保持高度一致，自觉维护中央权威。”①

党的民主集中制是民主基础上的集中和集中指导下的民主相结合的制度。毛泽东同志说：“在人民内部，不可以没有自由，也不可以没有纪律；不可以没有民主，也不可以没有集中。这种民主和集中的统一，自由和纪律的统一，就是我们的民主集中制。在这个制度下，人民享受着广泛的民主和自由；同时又必须用社会主义的纪律约束自己。”② 习近平总书记指出：“首先要讲民主，切实保障党员的民主权利，加强党内民主建设，实行有效的民主监督。在民主的基础上要讲集中，坚持党总揽全局、协调各方的原则，进一步完善党的领导制度和工作制度，严格党内生活，严肃党的纪律，既保证领导班子高效运转，又保证实行有效监督，使领导班子保持和发扬团结一心干事业、齐心协力谋发展、群策群力促和谐的良好局面，使领导班子能够真正发挥好领导核心的作用。”③《关于新形势下党内政治生活的若干准则》强调：“努力在全党形成又有集中又有民主、又有纪律又有自由、又有统一意志又有个人心情舒畅生动活泼的政治局面。”④

---

① 《习近平在十八届中央纪委二次全会上发表重要讲话强调更加科学有效地防治腐败，坚定不移把反腐倡廉建设引向深入》，《人民日报》，2013 年 1 月 23 日第 1 版。

② 《毛泽东同志论党的作风和党的组织》，人民出版社 1983 年版，第 127 页。

③ 习近平：《之江新语》，浙江人民出版社 2007 年版，第 255 页。

④ 《关于新形势下党内政治生活的若干准则》，《人民日报》，2016 年 11 月 3 日，第 5 版。

习近平总书记指出："要发扬党内民主，营造民主讨论的良好氛围，鼓励讲真话、讲实话、讲心里话，允许不同意见碰撞和争论，同时善于进行正确集中，防止议而不决、决而不行。"[①] 民主想要充分，应该鼓励大家积极发声，表达意见建议，这样有助于在集体讨论的过程中形成观点碰撞的热闹场面，否则容易导致少数领导的"一言堂""家长制"，我们党在这方面是有深刻教训的。贵州省黔东南州原副州长、凯里市原市长洪某，每次开会必先定调，对于市委做出的决定阳奉阴违，合意的才执行，尤其在干部选拔任用上，他独断专横，任人唯亲；湖北省宜昌市原市长助理、三峡坝区工委党委原书记王某也很任性，大小事基本都要自己说了算，最终都受到了党纪国法的处理。党的十八届六中全会指出："党内决策、执行、监督等工作必须执行党章党规确定的民主原则和程序，任何党组织和个人都不得压制党内民主、破坏党内民主。"习近平总书记强调："'一把手'的领导艺术，就在于有容人之气度、纳谏之雅量，充分发扬党内民主，让人家畅所欲言，从中全面透彻地分析和综合各种不同的意见，集思广益，最大限度地凝聚集体的智慧和力量，确保决策的民主化和科学化，确保党委班子意志上的统一和行动上的一致。"[②]

只要每名党员干部按照党章党规把民主集中制不折不扣地贯

---

① 《习近平总书记系列重要讲话读本》，学习出版社、人民出版社2016年版，第119页。

② 习近平：《干在实处　走在前列》，中共中央党校出版社2006年版，第552页。

彻落实到位，这一制度优势就一定能得到最大限度的发挥，我们党一定能不负历史使命，走向新的辉煌。

密切联系群众

中国共产党始终把群众路线作为根本的工作路线，是党在长期实践和发展中形成的优良传统和政治优势。

中国共产党的群众路线的形成发展是探索完善、逐步成熟、经历打击、重生继承、发扬光大的曲折实践过程。从共产党创立伊始，在百年的奋进历程中，始终注重密切与人民群众的血肉联系，将人民群众的利益放在首位，自然赢得了人民群众的拥戴。新民主主义革命的胜利、社会主义改造的平稳过渡、改革开放的伟大成就、社会主义迈入新时代，无不是深刻践行群众路线的成果。

建党之初，各方面建设非常不成熟，对人民群众作用的认识较为局限。俄国十月革命的成功给我党带来了许多切实管用的革命的方法和手段，其中最重要的一点就是发动工人阶级充实到革命队伍当中去，从而推翻帝国主义和封建阶级的压迫。但在具体的斗争过程中，共产党人逐步认识到，要取得革命的胜利，工人阶级必须发动人数更为众多的农民，团结更大规模的社会阶层，唯此才能拥有更加磅礴的力量。共产党要想更大限度地发动和团结人民群众，就必须践行全心全意为人民服务的宗旨。

毛泽东同志是为人民群众服务的典范。他始终将人民群众的利益记于心间，为方便人民群众的生活做了大量卓有成效的工作，由他亲自主导修建的水利工程，至今仍发挥着巨大作用。他还十分注重宣传鼓动群众，善于运用群众喜闻乐见的方式向他们宣传党的方针路线政策，经常提出一些朗朗上口、通俗易懂的口号，从秋收起义时“打倒汪精卫”，到解放战争提出的“打倒蒋介石，解放全中国”的口号，点燃了人民群众的革命热情，为夺取战争的胜利注入了有生力量。他经常会讲一些老百姓感兴趣的小故事诠释深奥的道理，跟群众走得很近。他非常注重发挥典型的引导示范作用，树立的白求恩、张思德、雷锋三个典型人物都是全心全意为人民服务的代表，他们的先进事迹影响了一代又一代人。他对群众的来信十分重视，即使工作再忙，他都尽可能认真地给群众回信，并帮助解决实际困难，赢得了广大人民群众的尊重和爱戴，为全党树立了榜样、做出了表率。

任弼时以自身行动对党密切联系群众的优良作风做出了最好的诠释，作为党的第一代领导集体的核心成员之一，他时时刻刻以一名先进党员的标准要求自己，在实际工作中严格践行。他在延安枣园期间曾担任中共中央书记处书记，日常工作任务十分复杂且繁重，几乎日均都要工作超过 15 个小时。即便这样，他时时处处不忘关怀人民群众的生活，挤出时间，经常深入农民的家庭或田间地头，能搭把手搭把手，能唠唠嗑就多了解一下大家的想法，帮助解决一些实际的困难。

一次，盛夏时节，酷暑难耐，任弼时结束了上午的工作，走在去平川里的路上，路过一片玉米地，看到满是晒黄了的玉米叶子，甚是心疼，心里不免焦躁。恰巧碰到几个老乡正坐在阴凉处，他注意到老乡脚下小得可怜的水流，按这个速度，一下午也浇不了多少地。任弼时主动走上前去打招呼：“老乡，浇地呢？”

老乡仍盯着田地，边浇水边应道：“天太干了，缺水厉害，可是这水又太小了，像猫尿一样，忙活上半天也没浇多少，庄稼都快旱死了。”

任弼时走近蹲下查看，还时不时拿铁锹铲铲土，答道：“浇浇水总归是管用的。”又问道，“水一直这么小吗？”

“之前不是，”老乡说，“水是早些年占着庄园的地主修的，当时水是又大又好，这不时间久了，没有人管了，好多地方都漏了，流到这里也就没什么水了。”

任弼时思考片刻，继续问道：“水源没什么问题吧？”

“水是从磨家湾压的枣园河的水，只要水渠修好，水就不是问题。”

任弼时当机立断道：“我来协调中央机关的同志们帮忙修好，这都不是问题。”

“那真是太感谢了。”

“我们也是咱村里的邻家，乡亲们需要我们，我们一定会尽全力办好，修好了不也方便了我们吗，就不要见外了，我这就回去请示主席，咱们立马就开工。”

任弼时回到枣园立马就把修渠的事情向毛主席汇报，毛主席专门安排任弼时负责此事。任弼时带领所有机关人员立即投入修渠工作，不舍昼夜，不到一周的时间就修好了一条高质量、四米宽的大渠。水源充足了，干旱的庄稼得救了，让农民们获得了大丰收。这条渠也被老乡们亲切地称为“幸福渠”。

抗日战争时期陕甘宁边区的马锡五法官首创群众路线的审判方式。他坚持原则，秉公执法，注重深入群众，调查研究，不拘泥于固定的形式，为群众提供方便，尽量简化程序，这种务实的工作方式解决了沉积多年的疑难案件，也对一些错案进行了纠正，被人民群众广为认可。他维护群众利益的审判方式被推广开来，直到今日仍影响着我国民事诉讼的处理方式。

我党从战争年代走来，靠着最广大的人民群众无限、无私的支持为取得革命胜利奠定了基础；和平时期，党领导下的人民群众靠着勤劳勇敢的奋斗创造了一个又一个奇迹，实现了社会主义建设的大发展、大变化，人民群众也获得了更多的利益、更大的满足。

党的十八大以后，以习近平同志为核心的党中央带领全党自上而下组织开展“群众路线”主题教育实践活动，他在党的群众路线教育实践活动工作会议上指出：“开展党的群众路线教育实践活动，就是要把为民务实清廉的价值追求深深植根于全党同志的思想和行动中，夯实党的执政基础，巩固党的执政地位，增强党的创造力凝聚力战斗力，使保持党的先进性和纯洁性、巩固党的执政基础和执政地位具有广泛、深厚、可靠的群众基础。”这充分表明了我们党一以贯之地坚持群众路线这一政治优势和优良传统的决心和信心。正如习近平总书记所言：“人民群众始终是我们党的坚实执政基础。只要我们永不动摇信仰、永不脱离群众，我们就能无往而不胜。”①

① 习近平：《全面贯彻落实党的十八大精神要突出抓好六个方面工作》，《求是》，2013 年第 1 期。

七、中国共产党为什么能一次次应对挑战，成功化解危机

新中国的发展并非一帆风顺，前进的道路上总是危机四伏、荆棘丛生。从中华人民共和国成立之初的内忧外患到“文化大革命”的十年动乱，从国内外政治风波对中国政治制度带来的严峻挑战到世界金融危机、中美贸易摩擦对中国经济发展带来的巨大冲击，中国人民始终在中国共产党的坚强领导下一次次应对挑战，成功化危为机，坚定地走在中华民族伟大复兴的道路上。

思想大解放，结束“文化大革命”

20 世纪 70 年代末的中国，中华大地风云变幻、乾坤扭转。

1976 年，毛泽东逝世前后，“四人帮”加紧了篡党窃权的阴谋活动。他们一方面撇开中央办公厅值班室，安排人手在中南海另设值班室，妄图架空党中央；另一方面暗地布置其在上海的亲信突击发放武器，企图武装夺权；除此之外，他们还公开在全国各大报纸上诋毁中央领导人，试图制造舆论混乱。面对“四人帮”

疯狂的篡党夺权阴谋活动，叶剑英、李先念等老一辈革命家挺身而出，积极与“四人帮”展开斗争。

“四人帮”的粉碎，结束了十年之久的“文化大革命”，党和国家在危难中得到了拯救。“文化大革命”是错误理论指导下的错误实践。受到十年动乱的严重危害，当时的中国社会动荡、经济凋敝、科技落后、人民贫困，遗留的问题堆积如山，人们思想混乱。这场由文化领域发端的“大革命”，对思想、文化、教育、科技等领域都造成了极大的破坏和深远的影响。在相当一段时间里，高校停止招生、学校停课关闭、文化园地破坏、科研机构撤销，知识分子队伍建设出现了严重的断层断代问题，科技水平也与世界先进国家拉大了距离。特别是多年来人们在思想上受到极左思潮的影响，因此，尽管粉碎了“四人帮”，“文化大革命”的阴霾并未散尽。

如何冲破“两个凡是”思想束缚，摆脱极左错误思想影响，全面解决“文革”遗留问题，种种问题迫切而棘手。新的历史时期，急需新的领导人物带领我们走上新的成功道路。

在这个关键时刻，历史选择了邓小平。由于长期革命斗争中的历史功勋和在新中国建设中的巨大贡献，邓小平同志在党和人民心中享有巨大的威望。1977 年 7 月，在党内老一辈无产阶级革命家叶剑英、李先念等同志的强烈要求和多次提议下，已经 73 岁的邓小平第三次复出，再次走向政治舞台的中央，并担任中共中央副主席、中央军委副主席、国务院副总理等党和国家的重要职务。

邓小平同志刚一主持工作，就以杰出政治家非凡的眼光、卓越的智慧和过人的胆略，“强调实事求是是毛泽东思想的精髓，旗帜鲜明反对‘两个凡是’的错误观点，支持和领导开展真理标准问题的讨论，推动进行各方面的拨乱反正”①。一方面，同陈云等老一辈革命家一起，对一些重大冤假错案进行了平反；另一方面，抓住关键环节，积极在思想领域谋划拨乱反正。就这样，党的工作有条不紊地从混乱中打开了新的局面。

1977 年 9 月，在邓小平同志的大力支持和督促下，国家正式恢复高等学校招生统一考试制度。1978 年 3 月，全国科学技术大会在北京召开，恢复了国家科学技术委员会和科研人员的职称评定制度。1978 年 5 月底至 6 月初，中国文联第三届全国委员会第三次扩大会议召开，自此中国文联和五个协会正式恢复工作。这样，党和国家在教育、科技和文艺领域进行了一系列的拨乱反正，把人们从“文化大革命”长期禁锢的思想中解放了出来，为改革开放这一重大的历史转折拉开了序幕。

1978 年 5 月 10 日，中央党校内部刊物《理论动态》第 60 期发表了《实践是检验真理的唯一标准》一文。《光明日报》以特约评论员文章公开发表，《人民日报》《解放军报》等党内重要报刊紧接着对该文进行了全文转发。该文分检验真理的标准只能

---

① 习近平：《在纪念邓小平同志诞辰 110 周年座谈会上的讲话》，《人民日报》，2014 年 8 月 21 日第 2 版。

是社会实践、理论与实践的统一是马克思主义的一个最基本的原则、革命导师是坚持用实践检验真理的榜样、任何理论都要不断接受实践的检验四个部分，论述了马克思列宁主义的实践第一的观点，明确地指出任何理论都要接受实践的考验。这篇文章一经发表，就引起了全国上下的强烈反响，一场关于真理标准问题的大讨论就此展开。随着大讨论的不断深入，人们逐渐冲破了“两个凡是”的严重束缚，全国性的思想解放运动轰轰烈烈地开展起来，为党的十一届三中全会做了重要的思想准备，为改革开放这一党和国家的伟大历史转折增添了强大的推动力。

1978 年 12 月 18 日至 22 日，经过前期的充分讨论和准备，具有划时代意义的党的十一届三中全会在北京京西宾馆召开。会上，邓小平同志发表了题为《解放思想，实事求是，团结一致向前看》的讲话，全面阐述了关于思想解放、关于民主、如何拨乱反正和处理历史遗留问题、如何研究新情况和解决新问题四个重大问题。全会彻底否定“两个凡是”的错误观点，重新确立了党的解放思想、实事求是的指导方针，实现了党的思想路线的拨乱反正；结束“以阶级斗争为纲”的错误思想的指导，做出把全党工作重心和全国人民的注意力转移到社会主义现代化建设上来的正确战略决策，实现了党的政治路线的拨乱反正；实际上建立起以邓小平同志为核心的第二代党中央领导集体，实现了党的组织路线的拨乱反正；开始了系统地清理重大历史是非的拨乱反正；恢复了党的民主集中制的传统；做出了实行改革开放的新决策。这次会议做出的一系列具有重大意义的转变，端正了党的指导思想，实现了中华人民共和国成立以来党的历史上具有深远意义的伟大转折，开启了改革开放和社会主义现代化的伟大征程。

党的十一届三中全会的胜利召开，说明以邓小平同志为主要代表的中国共产党人，顺应时代潮流和人民意愿，把党和国家的工作中心转移到经济建设上来，开启了中国社会主义事业发展的新时期，标志着中华民族在中国共产党的带领下开始走向繁荣富强，改革开放的大幕由此徐徐拉开。

党的十一届三中全会以后，以邓小平同志为核心的党中央领导集体，始终站在时代要求、国家发展和人民期待的高度，在当时艰难复杂的处境中从容应对，领导我们党做出一系列重大决策，把党和国家的改革开放和社会主义现代化建设事业不断推向前进。

1979 年 3 月，在全国理论工作务虚会上，为了进一步解决党内仍然存在的思想分歧，邓小平同志代表党中央作了《坚持四项基本原则》重要讲话，指出：我们要在中国实现四个现代化，必须在思想政治上坚持四项基本原则，这是实现四个现代化的根本前提。即必须坚持社会主义道路、坚持无产阶级专政即人民民主专政、坚持共产党的领导、坚持马列主义毛泽东思想。邓小平还指出，一方面要继续坚定地肃清“四人帮”的流毒，另一方面也要用巨大的努力同怀疑四项基本原则的思潮做坚决的斗争。这两种思潮都是违背马列主义、毛泽东思想的，都是妨碍我们的社会主义现代化建设事业前进的。邓小平同志的讲话，对当时党内外各种错误思潮给予了有力回击，进一步解放了人们的思想，并阐明了改革开放的正确方向，保证了党的十一届三中全会路线的贯彻执行。

新时代，中国共产党必将在全面深化改革中坚持四项基本原则，坚持党的建设的伟大工程，将党的自我革命进行到底，把党建设的更加坚强有力，始终成为中国特色社会主义事业的坚强领导核心，在庆祝中国共产党成立100周年之际，用改革开放40余年积累的宝贵经验继续把改革开放推向前进，为实现“两个一百年”奋斗目标、实现中华民族伟大复兴的中国梦不懈奋斗。

果断应对国内国际政治风波挑战

20世纪七八十年代，随着改革开放的春风拂面而来，在思想解放大潮和经济体制改革中，我国经济发展经历了一个加速的飞跃时期，呈现出了农业和工业、农村和城市、改革和发展相互促进的生动局面，党探索中国特色社会主义的发展道路取得了重大突破，整个国民经济提高到一个新水平，综合国力迈上了一个新台阶。

然而，随着改革开放的不断深入，特别是当中国经济体制改革的主战场走进了城市、走进了国有企业、走进了计划经济，一些问题也随之出现。特别是党的十三大以后，计划经济已不再能覆盖全局，社会总需求超过社会总供给，国民经济结构性矛盾开始凸显，物资短缺、物价上涨、市场疲软、产品滞销、效益下滑，国民经济的深层次结构和体制问题有待进一步认识与解决。

正是在这样的发展背景下，一些极端分子开始鼓吹资产阶级自由化思想。1989 年春夏之交的政治风波在党的坚强领导下，虽然很快得到了平息，但一部分干部和群众面对复杂的国内外形势产生了困惑，一些人开始对社会主义前途缺乏信心，更有的人对党的基本路线产生了动摇。

当时的国际环境也极不平静，各种矛盾错综复杂，风云变幻莫测，世界动荡不安。国际共产主义运动也出现曲折，苏联解体，东欧剧变。1991 年，随着世界第一个社会主义国家的苏维埃社会主义联邦共和国迅速解体，美苏冷战局面结束，国际共产主义运动进入低潮，全球出现了多极化的趋势。这样的世界大变动、大改组，加之当时西方一些政治势力加大了对原社会主义国家的渗透颠覆力度，对当时正处于改革开放关键时期的中国提出了严峻的挑战。

由于受到国内外的一系列复杂情况的影响，当时的中国无论在政治方面，还是在经济方面，确实笼罩着一种压抑、困惑、迷茫的气氛。如何继续坚持走中国特色社会主义道路？改革开放姓“资”还是姓“社”？是否继续以经济建设为中心？显然，如何回答这些问题，事关我国社会主义的前途命运，事关党和国家的生死存亡。正是在这个关键的历史时刻，中国改革开放和现代化建设的“总设计师”邓小平同志，开始了他为期一个多月的南方视察。

1992 年 1 月 18 日至 2 月 21 日，已经 88 岁高龄的邓小平同志先后到武昌、深圳、珠海、上海等地视察，沿途就改革开放进程中存在的焦点问题做了许多重要谈话。邓小平同志以他无产阶级革命家政治家的远见卓识和雄才大略，依据马克思主义基本原理，结合国家现代化建设和改革开放中出现的新情况、新问题，用真诚、朴素的话语提出了一系列振聋发聩、引人深思的新思想、新论断，指引着党和国家在改革开放的进程中始终保持着正确的方向。

邓小平南方谈话共分六个部分，涉及十八个改革开放争论激烈的问题。他在谈话中深刻指出，不坚持社会主义，不改革开放，不发展经济，不改善人民生活，只能是死路一条。基本路线要管一百年，动摇不得。革命是解放生产力，改革也是解放生产力。改革开放的胆子要大一些，敢于试验，看准了的，就大胆地试，大胆地闯。要提倡科学，靠科学才有希望。要坚持两手抓，两手都要硬。

南方谈话回答的首要关键问题就是社会主义本质的问题，这也是核心问题。早在 1980 年 4 月 12 日，邓小平同志就指出："经济长期处于停滞状态总不能叫社会主义。人民生活长期停止在很低的水平总不能叫社会主义。"究竟"什么是社会主义，怎样建设社会主义"，一直是党在领导我国改革开放和现代化建设进程中不断提出和反复思考的首要基本理论问题。在 1980 年，邓小平同志就认为社会主义"如果搞不好，不能正确理解，不能采取正确的政策，那就体现不出社会主义的本质。”[①] 南方谈话中，邓小平同志对此作出了明确回答：“解放生产力，发展生产力，消灭剥削，消除两极分化，最终达到共同富裕。”这个回答言简意赅地概括了社会主义的本质，是经过反复思考和论证后的科学归纳，是极具完整性、科学性、指导性的正确论断。

关于改革开放到底姓“资”还是姓“社”的问题。邓小平同志明确指出：判断的标准，应该主要看是否有利于发展社会主义社会的生产力，是否有利于增强社会主义国家的综合国力，是否有利于提高人民的生活水平。计划多一点还是市场多一点，不是社会主义与资本主义的本质区别。计划经济不等于社会主义，资本主义也有计划；市场经济不等于资本主义，社会主义也有市场，计划和市场都是经济手段。中国要警惕右，但主要是防止“左”。我们必须保持清醒的头脑，这样就不会犯大错误，出现问题也容易纠正和改正。

关于以经济建设为中心的问题。邓小平同志说，抓住时机，发展自己，关键是发展经济。提出了“比如广东，要上几个台阶，力争用二十年的时间赶上亚洲‘四小龙’”这样切实可行的目标和期望。并在谈话中强调，发展才是硬道理。现在，我们国内条件具备，国际环境有利，再加上发挥社会主义制度能够集中力量

---

① 龙新民、张静如主编：《中国共产党 90 年史话》，中共党史出版社、中国书籍出版社 2015 年 5 月第 1 版，第 472 页。

办大事的优势，在今后的现代化建设长过程中，出现若干个发展速度比较快、效益比较好的阶段，是必要的，也是能够办到的。我们就是要有这个雄心壮志。另外，邓小平同志还强调了科学技术与经济发展的关系，并提出了“科学技术是第一生产力”的著名论断。

关于经济建设与社会主义文明建设之间关系的问题。邓小平同志指出，要坚持两手抓，一手抓改革开放，一手抓打击各种犯罪活动。这两只手都要硬。打击各种犯罪活动，扫除各种丑恶现象，手软不得。不仅经济要上去，社会秩序、社会风气也要搞好，两个文明建设都要超过他们（亚洲“四小龙”），这才是有中国特色的社会主义。邓小平同志在谈话中严肃强调，在整个改革开放过程中都要反对腐败。对干部和共产党员来说，廉政建设要作为大事来抓。

南方谈话中，邓小平同志还指出，中国的事情能不能办好，社会主义和改革开放能不能坚持，经济能不能快一点发展起来，国家能不能长治久安，从一定意义上说，关键在人。要注意培养人，要按照“革命化、年轻化、知识化、专业化”的标准，选拔德才兼备的人进班子。

在谈到形式主义的问题时，邓小平同志毫不客气地指出，形式主义也是官僚主义，要腾出时间来多办实事，多做少说。并劝诫大家，学马列要精，要管用的。实事求是是马克思主义的精髓。要提倡这个，不要提倡本本。我们改革开放的成功，不是靠本本，而是靠实践，靠实事求是。

关于坚定中国共产党人的社会主义理想信念。邓小平同志深刻地指出，封建社会代替奴隶社会，资本主义代替封建主义，社会主义经历一个长过程发展后必然代替资本主义。一些国家出现严重曲折，社会主义好像被削弱了，但人民经受锻炼，从中吸取教训，将促使社会主义向着更加健康的方向发展。

在中国改革开放和现代化进程面临世界形势剧烈变化和国内外政治风波带来的严峻考验和挑战的重大历史关头，邓小平同志发表的南方谈话，用马克思主义的基本观点，坚持解放思想、实事求是，科学系统地总结了改革开放以来党的基本理论和创新经验，解开并回答了改革开放进程中人们思想中普遍存在的疑惑和一系列重大认识问题，极大地推动了我国改革开放的进程，在建设有中国特色的社会主义道路上又立下了一座丰碑。

成功经受住亚洲金融危机冲击

20 世纪 90 年代末，一场突如其来的金融风暴席卷了整个东南亚地区，波及了泰国、马来西亚、印度尼西亚、新加坡、韩国和中国香港，日本经济也受到了一定影响。在这次金融危机中，中国承受了巨大的压力，采取了一系列积极措施，坚持人民币不贬值。最终，中国中央人民政府成为香港的坚强后盾，中国成为亚洲金融危机中的中流砥柱。

1997 年 7 月 2 日，遭受对冲基金进攻的泰国央行宣布，放弃将货币泰铢与美元等事实上绑定的固定汇率制，改为由市场决定价格的浮动汇率制，泰铢兑换美元的汇率当天就下降了17%，外汇市场和其他金融市场一片混乱。危机随后蔓延至马来西亚、菲律宾和新加坡等周边国家。在泰铢波动的影响下，菲律宾比索、印度尼西亚卢比、马来西亚令吉相继成为国际金融炒作家的攻击对象。10月，危机蔓延到韩国、日本及世界其他国家和地区，国际金融市场持续动荡。此次金融危机，泰国、印尼和韩国是受影响最严重的国家，新加坡、马来西亚、菲律宾和刚刚回归中国的香港也有波及，中国大陆所受影响较小。

金融危机不但严重危害了东南亚国家的经济发展，对当事国政局和社会的稳定也产生了极大影响。在印尼，经济动荡波及政治，总统苏哈托被迫辞职。泰国和韩国等国由于请求了国际货币基金组织支援，作为提供支援的前提条件，这些国家采取了收紧财政政策，实施结构改革，结果导致本国民众生活水平严重下降。马来西亚、泰国、印度尼西亚和韩国由于货币汇率暴跌，很多企业外债一笔接着一笔违约。在整个金融危机期间，多个国家和地区政府下台、数百万人失业、数千人自杀。

虽然由于当时我国实行了比较谨慎的金融政策和前几年采取了一系列防范金融风险的措施，在这次危机中未受到直接冲击，金融和经济继续保持稳定，但我国外贸进出口总额大幅度下降，经济增长速度明显放慢。

面对金融危机造成的复杂局势，党中央以高瞻远瞩和运筹帷幄的战略眼光，提出“坚定信心，心中有数，未雨绸缪，沉着应对，埋头苦干，趋利避害”的方针，实施“积极的财政政策与稳健的货币政策”等一系列扩大国内需求的政策措施[①]，果断科学决策、有条不紊地应对这场危机，取得了显著的效果。1997 年 11 月，党中央、国务院召开全国金融工作会议，提出了加快金融体制改革、整顿金融秩序、防范金融风险的任务、原则和一系列重大改革措施。1998 年春节后不久，党中央和国务院很快批准并转发了《关于应对东南亚金融危机，保持国民经济快速健康发展的意见》[②]，开始实施一系列应对金融危机、实施刺激经济的措施。一是努力扩大内需（教育、医疗和地产等）、刺激消费，促进经济增长，保持国内经济的健康稳定。二是在外汇市场上，维持人民币汇率稳定，推动经济发展。三是加快金融体制改革，防范和化解金融危机。

在缓解整个亚洲金融危机中，我国政府展现出了一个负责任大国的担当精神。一方面，我们积极参与国际货币基金组织对亚洲相关国家的援助，并积极参与和推动地区与国际金融合作。另一方面，中国政府本着高度负责的态度，承受了巨大压力，付出了很大代价，坚持人民币不贬值，对亚洲乃至世界金融经济的稳定都起到了重要作用。

---

① 龙新民、张静如主编：《中国共产党 90 年史话》，中共党史出版社、中国书籍出版社 2015 年 5 月第 1 版，第 501 页。

② 《难忘九八——1998 年经济发展和改革回眸》，《人民日报》，1999 年 1 月 14 日第 1 版。

值得一提的是，香港作为“亚洲四小龙”之一，1997 年 7 月 1 日刚刚回归祖国，就发生了东南亚金融危机。香港特区政府在中央政府的全力支持下，果断决策，进行强有力的干预，并最终取得胜利，几十年的发展硕果得以保存。为此，西方一些经济评论家还曾猛烈批评这种做法违背经济学原理。现在看来，香港在这次金融危机中的成功经验已经成为世界银行应对危机的有益借鉴。

从 1998 年到 2002 年，我国一共发行 6000 亿长期建设国债。国家用这笔钱加大了农林水利、交通通信、生态环境、城市基础设施建设、农村电网建设和改造、技术进步与产业升级、国家储备粮库，以及教育、广播、卫生和各项社会事业等方面的投入，拉动了整个经济，使中国经济在世界经济增长速度减缓的情况下持续较快增长。①

此次经济危机中，泰国、马来西亚、印度尼西亚、新加坡、日本、韩国等国都是外向型经济国家，对世界市场的依附很大，一国经济的动摇难免会牵动整个地区的经济波动。加上泰铢在国际市场上是否要买卖不是由政府说了算的，而其本身又没有足够的外汇储备量，面对金融家的炒作，国家经济不堪一击，并且由经济的衰退导致了政局的动荡。从这次亚洲金融危机我们也不难看出，一个国家的开放程度，是建立在稳定的政权和强大的经济

---

① 龙新民、张静如主编：《中国共产党 90 年史话》，中共党史出版社、中国书籍出版社 2015 年 5 月第 1 版，第 501—502 页。

实力基础之上的，只有政权稳固、经济实力雄厚，才能谈及真正的经济发展。只有提高综合国力，才能使一个国家立于不败之地。此次亚洲金融危机的发生，虽然是国际投机商对东南亚金融市场发动攻击而引发的，但归根结底，其真实动因还是东南亚国家政治和经济制度的不完善。

在此次亚洲金融危机中，中国不但成功经受住了金融风暴的冲击，而且首次成为世界经济增长和社会稳定的堡垒，并在危机中向其他经济体提供了紧急援助。这除了国际因素和党中央、国务院采取的一系列果敢科学决策外，更重要的还是得益于中国特色社会主义的制度优势，得益于党领导国家在改革开放中建立的社会主义市场经济体制，得益于改革开放带来的国家综合国力的增强。

在我国建立和完善社会主义市场经济体制是历史发展的必然。党的十一届三中全会以来，我国坚持实行改革开放，发展社会主义市场经济，逐步探索形成中国特色社会主义发展道路。早在1982年，党的十二大就明确提出了有系统地进行经济体制改革的任务，并且指出这是坚持社会主义道路、实现社会主义现代化的重要保证。[①]1984年10月20日，党的十二届三中全会通过的《中共中央关于经济体制改革的决定》，明确了社会主义计划经济是

① 龙新民、张静如主编：《中国共产党90年史话》，中共党史出版社、中国书籍出版社2015年5月第1版，第475页。

在公有制基础上的有计划的商品经济，对我国经济体制的改革具有极强的指导意义。1987 年 10 月，党的十三大提出“社会主义有计划的商品经济体制应该是计划与市场内在统一的体制”，社会主义经济运行的模式是“国家调节市场，市场引导企业”的机制。邓小平同志在视察南方以后，在南方谈话精神指引下，党的十四大明确了我国经济体制改革的目标是建立社会主义市场经济体制。1993 年 3 月 29 日，“实行社会主义市场经济”取代“在社会主义公有制基础上实行计划经济”写入《中华人民共和国宪法》，党的政治决策最终以法律条文的形式明确下来。为把党的十四大提出的经济体制改革任务落到实处，1993 年底，党的十四届三中全会通过的《中共中央关于建立社会主义市场经济体制若干问题的决定》，勾画了社会主义市场经济体制的总体规划图，构建了社会主义市场经济的基本框架。自此，社会主义市场经济体制的确立完成了从理论到实践的初步探索。可以说，以邓小平同志南方视察和党的十四大为标志，中国改革开放和社会主义现代化建设进入了一个新的发展时期。

我国实行的社会主义市场经济体制，是在社会主义制度条件下进行的，是党在探索中国特色社会主义道路和社会主义现代化进程中形成的重要理论成果，是马克思主义中国化的伟大创造。其显著特点就是既注重市场作用的发挥，又注重政府作用的发挥，让“看不见的手”与“看得见的手”共同发挥作用，既遵循市场经济的一般规律，又弥补了市场调节的盲目性、自发性和滞后性，把市场作用和政府作用有机地结合起来。中国社会主义市场经济制度的建立，打破了长期以来禁锢人们头脑的“社会主义和市场经济不可能兼容”的传统观念，突破了现代西方主流经济学对市场和政府的认知的局限性。

事实证明，当金融风暴肆虐整个东南亚地区、世界多国经济遭受重创时，中国社会主义市场经济体制所体现出的优势令世人为之惊叹。亚洲金融危机以往和以后的实践都表明，每一次面临经济风险和重大经济问题时，党和国家总是能当机立断做出重大战略调整，及时应对、举措有力，使中国经济在“化险为夷”中稳步发展。这显然是与社会主义市场经济体制所体现出的制度优势密不可分的，并且随着我国社会主义市场经济体制不断完善和发展，必将为实现中华民族伟大复兴的中国梦提供坚强有力的经济支撑与制度保障。

理性应对中美贸易战

美国东部时间2018年7月6日凌晨00：01（北京时间6日12：01），美国正式开始对价值340亿美元的中国产品加征25%的关税。作为反击，中国也于当日对同等规模的美国产品加征25%的关税。至此，迄今为止世界经济史上最大的贸易战正式打响。

与以前中美贸易摩擦“常擦枪、难交火”不同，这次贸易战是美国蓄意挑起的，比以往任何一次都更为激烈，解决起来更为困难，发展走势更为复杂。从2017年8月美国对中国展开“301

调查”开始，这次中美贸易摩擦就开始了。在2018年3月初美国宣布对进口钢材及铝材加征关税后，美国对加征关税的中国产品一步步从340亿美元、160亿美元到2000亿美元，甚至威胁对剩余的2670亿美元中国商品加征关税，准备将从中国进口的全部商品都作为加征关税的目标。作为反制，中国也相应在2018年7月6日对原产于美国的500亿美元的进口商品加征25%关税，在9月24日对美国600亿美元的进口商品加征10%或5%的关税。另外，在美国加征关税的中国商品具体清单上主要集中在汽车、电子、通信、机械设备、家具等劳动密集型领域，直击我方要害；中国加征关税的商品主要在农产品、汽车、水产品以及化工品、医疗设备、能源产品等领域，涵盖范围很广。并且，随着中美贸易摩擦的不断升级和国际形势的不断变化，中美贸易的摩擦大有从经济领域向政治、军事、科技、国际影响力等方面外溢的趋势。可以说，美国发起贸易战以来，利用一切手段、穷尽一切可能，环环相扣、层层加码、步步紧逼，火药味十足。

作为世界两大经济体，在中美的大国博弈中，中美贸易摩擦，是中美经济关系的重要问题，也是我们始终要面对的。中美贸易战有其必然性，守成大国遏制新兴大国的崛起，是中美贸易战的本质。从美国的“重建”中国理论可以看出，美国蓄意挑起贸易战，就是妄图从经贸领域撕开口子，寻求产生连锁破坏效应，从而阻滞中国经济快速发展，巩固其霸主地位。中国自改革开放以来，特别是加入WTO后，经济形势越来越好，并从2010年开始，超越日本成为世界第二大经济体。中国模式的成功，引起了美国的恐慌，美国通过战略部署的不断调整，最终特朗普政府将中国重新定义为“战略竞争对手”和全球秩序的“修正主义者”。这次特朗普对我国发动贸易战，不择手段、不遗余力围堵遏制，无疑暴露了美国迟滞中国崛起进程的险恶用心。可以说，这次由美国单方挑起的贸易战，中方不可避免，也不以我方的意志为转移，必打无疑。

对一般国家而言，贸易战在经济学上一定是双输的。但对于大国而言，关键在于谁输得起。历史经验证明，大国之间的较量，更多的不是经济行为，不是以经济利益为目的，而是一种国际政治行为，是以追求国家根本利益为目标的。对于今天的中国而言，最大的危机不是贸易冲突，而是世界上最强大的霸权国家已经公开把我国当成了最主要的对手，在和平时期利用经济战的手段发起了对我国的全面遏制和攻击，同时还利用其超强的全球军事实力对我国进行越来越多的威慑，制造周边冲突来干扰我们的和平发展进程。

面对中美贸易战，我们一方面要看到我们的优势，增强应对贸易摩擦的信心底气。当前美国发起贸易战，看似来势汹汹、黑云压城，实则暴露的是对其霸权地位走向衰落的焦虑恐慌。我国处于近代以来最好的历史发展时期，且有着较为深厚的外汇储备，有能力应对各种挑战。在经济制度上，中国特色社会主义市场经济的优越性可以确保经济政策的连续性，社会主义“集中力量办大事”的优势可以使国家运用宏观调控在短时间内集中人力物力财力应对来自各方面的严重挑战。反观美国，两党轮流执政，司法、行政、立法三权分立，经济政策连贯性差，“看不见的手”和政府宏观调控之间的协调作用发挥不充分，资源配置效率不高。在市场供需和规模上，我国有着巨大的国内市场优势，内需转化量大，且随着改革的不断深入和各项经济制度的不断完善，我国的外贸依存度（特别是对美国等发达国家）已大幅下降。我国工业出口交货值占工业总产值比重3年前超过20%，2017年下降到10%左右，工业对出口的依存度在大幅度降低。据工信部测算，无论是500亿美元还是2000亿美元商品加征关税清单，如果把500亿美元和2000亿美元折成人民币，占我国工业总产值的比重不到1%。我国市场的差异化、梯度化特点，则可使我们在应对贸易战过程中获得很大的回旋余地。[①] 在对外合作上，随着“一带一路”经济带的顺利实施，已开创了我国全方位开放新格局，与更多的国家和地区建立了互利共赢的经济合作关系，为我国经济发展和参与全球经济治理提供了良好的国际环境。

另一方面，我们也应看到，中美贸易战对中国来说是一把双刃剑。核心关键技术的缺失必然受制于人。贸易战会对中国的高端制造和经济增长造成不利影响，可能使部分企业因此减产甚至倒闭，特别是对美国市场依赖较大的企业，可能面临订单下降、

① 赵长茂：《中美贸易战：挑战和机遇》，《学习时报》，2018年8月1日。

成本增加、减产歇业等困难，使部分工人减薪甚至失业。另外，中美贸易战能使我们看到自身的差距不足，倒逼我们进行产业升级、扩大改革开放，倒逼我们自主创新。

面对硝烟弥漫的中美贸易战和复杂多变的国际局势，我们要持续发挥中国特色社会主义制度优势，始终确保发展势头不被迟滞，始终集中精力做好自己的事。正如习近平总书记指出的那样：“当今世界，要说哪个政党、哪个国家、哪个民族能够自信的话，那中国共产党、中华人民共和国、中华民族是最有理由自信的。”政治优势是根本优势，战略胜算是最大胜算。应该看到，以习近平同志为核心的党中央的坚强领导就是我们当前最大的政治优势。在共产党的带领下，我国正式进入了新时代，我们将凭借雄厚的经济实力和强大的国际影响力逐渐走向世界舞台的中央，并正在建立“共建、共荣、共享”的国际新秩序，“中国制度”“中国模式”“中国方案”正在世界各国产生广泛影响。在对美经贸斗争中，党中央始终保持战略定力和战略耐力，坚定不移推进党的十九大做出的各项战略部署，着眼全局和长远制定应对举措，在不断扩大开放的同时，逐步把经济增长动力转到自主创新和国内需求上来，牢牢掌握战略主动权，保持经济的平稳快速发展，为建立人类自由、民主、平等和繁荣的命运共同体做出应有贡献。

八、中国共产党为什么能坚定不移开创新局面、不断创造新奇迹

中国特色社会主义经过数十年的发展和完善，在经济、政治、文化、社会等各个领域形成的一整套相互衔接、相互联系的制度体系，并随着时代的发展和社会的进步不断地进行着自我革新。中国共产党正是运用这些巨大的制度优势，创造出一个又一个令世人瞩目的巨大成就，坚定不移地开辟新天地、不断创造新奇迹，推动着中国特色社会主义伟大事业不断向前迈进。

十三个“五年规划”凸显战略规划能力

2015年10月26日至29日，党的十八届五中全会在北京召开，全会审议并通过了《中共中央关于制定国民经济和社会发展第十三个五年规划的建议》。从“一五”计划到“十三五”规划，我国共编制了十个“五年计划”和三个“五年规划”。

1955年7月，第一届全国人民代表大会第二次会议通过了“一五”计划，在1953年到1957年的五年时间里，我国工业总

产值的年平均增长率已达到18%，实现了国民经济的快速增长，并奠定了我国工业化的初步基础。长春第一汽车制造厂生产出了第一辆汽车；第一架喷气式飞机在沈阳飞机制造厂试制成功；第一个制造机床的沈阳第一机床厂建成投产；1957年，武汉长江大桥建成。

1956年9月，中国共产党第八次全国代表大会通过了“二五”计划。在“大跃进”背景下，国民经济比例出现了失衡，1958年至1962年五年间，国民经济增长最高达32.2%，最低为-31%，平均0.65%。[①] 在这样的背景下，我们仍取得了1958年武汉钢铁公司建成投产，1959年包头钢铁公司建成投产的成就。

1964年5月，中共中央在北京召开工作会议，重点讨论了国家计委提出的《第三个五年计划（1966—1970）的初步设想》。据当时的资料统计，1966年至1970年的五年间，国民经济增长最高达25.7%，最低为-9.6%，平均9.95%，工农业总产值平均每年增长9.6%，其中农业总产值年均增长2.9%，工业总产值年均增长11.7%。[②] 从“二五”计划结束的1963年到“三五”计划开始的1965年以及“三五”计划总共8年时间里，取得了1963年大庆油田第一口油井试喷成功，1964年我国第一颗原子弹爆炸成功，

① 赵晶、王远希：《【图解】回顾新中国历次五年规划（计划）》，原载“中国共产党新闻网·学习微平台（cpcnews）”

② 赵晶、王远希：《【图解】回顾新中国历次五年规划（计划）》，原载“中国共产党新闻网·学习微平台（cpcnews）”

1967 年我国第一颗氢弹爆炸成功，1968 年南京长江大桥全线通车等辉煌成就。

1970 年 2 月，国务院召开的全国计划会议研究、讨论、制定了第四个五年计划纲要。同年，中共九届二中全会将经过修改的“四五”计划纲要（草案）作为会议参考文件印发。在 1971 年至 1975 年的五年时间里，国民经济增长最高是 12.2%，最低为 1.4%，平均 7.76%，工农业总产值年均增长 7.6%，其中农业总产值年均增长 3.4%，工业总产值年均增长 9.3%。[①] 五年期间，我国建成了一大批骨干企业、重点项目和基础设施，国家经济总量比以前有较大增加，“三五”“四五”计划是我国建立独立、比较完整工业体系的重要阶段。

1978 年 3 月，第五届全国人大第一次会议上通过《十年规划纲要》，“五五”计划是计划经济体制时期的最后一个五年计划。在 1976 到 1980 年五年时间里，国民经济增长最高 11.7%，最低 1.7%，平均 7.84%，工农业总产值年均增长 8.1%，农业总产值年均增长 5.1%，工业总产值年均增长 9.2%。[②] 1978 年 12 月，中共十一届三中全会做出战略决策：把工作重点转移到社会主义现代化建设上来，为加速我国社会主义现代化建设奠定了坚实的基础，

---

① 赵晶、王远希：《【图解】回顾新中国历次五年规划（计划）》，原载“中国共产党新闻网 · 学习微平台（cpcnews）”

② 赵晶、王远希：《【图解】回顾新中国历次五年规划（计划）》，原载“中国共产党新闻网 · 学习微平台（cpcnews）”

也从指导思想上实现了拨乱反正。

1982年12月，第五届全国人民代表大会第五次会议通过了“六五”计划。在1981年到1985年五年时间里，国民经济增长最高15.2%，最低5.2%，平均10.72%，社会总产值、工农业总产值、国民生产总值和国民收入年均增长11%左右，农业总产值平均每年增长10.8%，工业总产值平均每年增长10.6%。[①] 五年期间，农村改革发展迅速，家庭联产承包责任制确立。

1986年4月，第六届全国人民代表大会第四次会议通过了“七五”计划。到1990年底，全民所有制工业企业的承包面超过90%。全国1987年预算的物价补贴和企业亏损补贴超过700亿元，约占全国财政收入的1/3。[②] 1986年至1990年五年间，国家经济体制改革步伐加快，经济体制的格局和国民经济运行机制都发生了重大变化，为以后进一步深化改革奠定了基础。1990年12月，上海证券交易所正式挂牌营业。

1991年4月，第七届全国人民代表大会第四次会议通过了“八五”计划。在1991年到1995年的五年时间里，国民生产总值年均增长达到12%[③]，是同期世界各国经济增长最快的国家，也

---

① 赵晶、王远希：《【图解】回顾新中国历次五年规划（计划）》，原载“中国共产党新闻网·学习微平台（cpcnews）”

② 赵晶、王远希：《【图解】回顾新中国历次五年规划（计划）》，原载“中国共产党新闻网·学习微平台（cpcnews）”

③ 赵晶、王远希：《【图解】回顾新中国历次五年规划（计划）》，原载“中国共产党新闻网·学习微平台（cpcnews）”

是中华人民共和国成立后经济增长速度最快、波动最小的时期。1991年11月，我国以主权国家身份正式加入亚太经合组织；1992年初，邓小平发表“南方谈话”；1992年10月，中国共产党第十四次代表大会召开，确立了建立社会主义市场经济体制的改革目标。

1996年3月，第八届全国人民代表大会第四次会议通过了“九五”计划。在1996年到2000年的五年时间里，我国虽然受到了亚洲金融危机的影响，出口、利用外资以及经济增长都受到了极大挑战，但在国家一系列宏观调控政策调控下，我国国内生产总值仍年均增长率达到8.3%，超过世界平均增长速度的3.8%。[①]国民经济顺利实现了软着陆。

2001年3月，第九届全国人民代表大会第四次会议通过了“十五”计划。2001年11月10日，我国加入世界贸易组织；这期间，我国高等教育迅速发展，普通高校在校学生由2000年的556.1万人增长到2004年的1333.5万人[②]。2003年10月15日，中国首次发射载人航天飞行器“神舟五号”。

2006年3月，第十届全国人民代表大会第四次会议通过了“十一五”规划。从“十一五”起，我国将“五年计划”改为“五

① 赵晶、王远希：《【图解】回顾新中国历次五年规划（计划）》，原载“中国共产党新闻网·学习微平台（cpcnews）”

② 赵晶、王远希：《【图解】回顾新中国历次五年规划（计划）》，原载“中国共产党新闻网·学习微平台（cpcnews）”

年规划”。2006 年到 2010 年的“十一五”时期，国内生产总值年均增长 7.5%，人均国内生产总值与 2000 年相比翻了一番。城镇新增就业人数和转移农业劳动力数各 4500 万人，城镇登记失业率控制在 5% 以内。[①] 2006 年 1 月 1 日，我国全面取消农业税；2006 年 7 月 1 日，青藏铁路正式通车运营；2008 年 8 月，举办北京奥运会；2010 年举办上海世博会。

2011 年 3 月，第十一届全国人民代表大会第四次会议通过了“十二五”规划。“十二五”前四年，我国国内生产总值年均增长 8.0%[②]，增长速度超过了全球主要经济体；2014 年，我国 GDP 总量居世界第二位。2012 年 11 月，党的十八大把生态文明建设纳入中国特色社会主义事业“五位一体”总体布局；2013 年 11 月，党的十八届三中全会做出了全面深化改革的重大决定；2014 年 12 月，中央经济工作会议提出，实施“一带一路”、京津冀协同发展、长江经济带建设“三大战略”。

2016 年 3 月，第十二届全国人民代表大会第四次会议通过了“十三五”规划。“十三五”规划制定以来，我国进入了全面建成小康社会的决胜阶段，在以习近平同志为核心的党中央的坚强领导下，经济持续保持中高速平稳增长，主要经济指标平衡协调，

① 赵晶、王远希：《【图解】回顾新中国历次五年规划（计划）》，原载“中国共产党新闻网·学习微平台（cpcnews）”

② 赵晶、王远希：《【图解】回顾新中国历次五年规划（计划）》，原载“中国共产党新闻网·学习微平台（cpcnews）”

发展质量和效益明显提高。亚投行正式开业，成功举办杭州 G20 峰会，“一带一路”建设取得重大成就，首届进博会成功举办，我国国际影响力进一步提高。

从以上每个五年所取得的巨大成就不难看出，无论是计划或规划都对我国的建设发展布局发挥了关键作用。其实我国的五年计划是 20 世纪中叶全球工业化的产物，并随着 20 世纪末政治经济格局的剧变而转变。与此同时，我国的五年计划是世界计划史的“例外”，与世界多数发展计划历史轨迹不同，我们用自己的方式走出了一条具有中国特定的五年计划之路。

我国对计划作用的认识经历了一个曲折的过程。一开始人们认为五年计划不应该再有指令功能，随着市场经济改革目标的确立，五年计划总体上应该是指导性的，如经济学家吴敬琏认为：计划不再是关于资源配置的行政指令汇编，它应该是像政府的国情咨文那样的文件，计划就其大部分内容而言，将不是指令性的，而是预测性和指导性的。① 当时主持“九五”计划制订工作的李鹏总理强调：要把传统做计划的方法改变成发展社会主义市场经济条件下做计划的新方法，做到总体上是预测性的，侧重宏观性、战略性和政策性。“九五”计划明确规定指标总体上应该是预测性和指导性的。这使得国家计划失之软弱，中央政府约束地方的

① 吴敬琏：《改革：我们正在过大关》，生活·读书·新知三联出版社 2001 年版，第 75 页。

能力减弱，中央计划和地方计划脱节，计划的指令性和约束性功能很大程度上被削弱了。“十五”计划资源、环境和产业结构调整目标没能实现，这与过度弱化中央计划的指令性功能是分不开的。[①]

鉴于前一时期的教训，我国又重新强调了计划的约束性功能。“十一五”确定约束性指标，肯定了计划的指令性功能。在社会发展与国民经济的22个指标中，其中8个作为政府必须履行的责任，再次利用指令计划层层考核、层层分解的办法来保证这8个约束性指标的实现，强化了对规划实施的保障机制，并对节能、减排等重点指标制定了奖惩办法。“十一五”的发展情况表明，约束性指标的制度安排发挥了很好的作用，8个约束性指标的发展情况都显著好于“十五”时期。因此，党的十七大报告重新提出要发挥国家发展规划、计划、产业政策在宏观调控中的导向作用[②]，重新肯定了发展计划在社会主义市场经济中的宏观导向作用。[③]

我国五年计划转型的过程表明，世界上只有最适宜的模式，没有最好和唯一的模式。当然这种适宜的模式也不是一成不变的，

① 吴敬琏，2014年12月30日至2015年1月1日昆明主题演讲《面对新常态，各方需共同推动创新和创业体制转化》。

② 胡锦涛：《高举中国特色社会主义伟大旗帜 为夺取全面建设小康社会新胜利而奋斗——在中国共产党第十七次全国代表大会上的报告》，人民出版社2007年版。

③ 鄢一龙、吕捷、胡鞍钢：《整体知识与公共事务治理：理解市场经济条件下的五年规划》，《管理世界》，2014年12期。

而是随着形势的发展不断变化调整的。“我们对规律的认识，不是一开始就是完善的”[①]，而是通过不断实践甚至是试错才逐步形成比较符合规律的认识。

作为中国特色社会主义的一大制度优势和我国经济社会发展的重要手段，我国的五年规划作用在于对经济运行规律的自觉运用，对国民经济建设做出了有计划、按比例的集体的正确的决策，最大限度地激发了经济社会发展各类主体的积极性、主动性、创造性，充分反映了我国国家治理体系和治理能力的现代化水平。利用这一优势，中国共产党将继续带领全党全国各族人民共同为实现“两个一百年”奋斗目标不懈努力，为实现中华民族伟大复兴的中国梦保驾护航。

集中力量办大事

中国能办大事，也办了许多其他国家办不了的大事，这是社会主义制度内在的优势，习近平总书记指出：“我们最大的优势是我国社会主义制度能够集中力量办大事。这是我们成就事业的重要法宝。”我国进入新时代，全面建成小康社会进而实现第二个百年奋斗目标，需要进一步完善我们集中力量办大事的体制机制，充分发挥集中力量办大事的制度优势，在推进中国特色社会主义实践中不断提高国家治理效能。

---

① 毛泽东：《读〈苏联政治经济学教科书〉下册谈话一》（1959年末—1961年初）。

在社会主义制度下，国家能够在一定条件下、一定程度上集中人力、财力、物力，解决政治、经济、文化领域内的重大问题，这是社会主义制度的一个重要的优越性。1982年10月14日，邓小平同志在与国家计委负责同志谈话时指出："社会主义同资本主义比较，它的优越性就在于能做到全国一盘棋，集中力量，保证重点。"① 2011年，胡锦涛在庆祝中国共产党成立90周年大会上的讲话中对中国特色社会主义制度的优越性进行了深刻阐述，指出：中国特色社会主义制度，是当代中国发展进步的根本制度保障，集中体现了中国特色社会主义的特点和优势。

中华人民共和国成立伊始，我国各项基础建设十分薄弱，工业、农业、交通、城市基础都严重落后，整个国民经济濒于崩溃边缘，社会事业的发展水平也相对滞后，百废待举，百业待兴。为了尽快打开新局面，稳定社会经济秩序，保障国民经济建设的顺利开展，党和国家领导人始终把集中力量抓重点项目建设，作为我国经济建设的一条重要方针，充分发挥社会主义国家集中力量办大事的制度优势。早在20世纪50年代，毛泽东就指出："我们必须逐步地建设一批规模大的现代化的企业以为骨干，没有这个骨干就不能使我国在几十年内变为现代化的工业强国。"② 当时我们就集中大量的资金、物资进行了"156项"重点工矿业基本建设项目，

① 《邓小平文选》第三卷，人民出版社1993年版，第16—17页。

② 《毛泽东文集》第七卷，人民出版社1999年版，第240页。

迅速为我国工业化奠定了初步基础。

1957 年到 1966 年的十年间，党和国家集中力量进行了十年大规模的社会主义建设，在探索中克服重重困难，取得了巨大成就，重点建成了刘家峡水电站、大庆油田、攀枝花钢铁基地、成昆铁路等一大批骨干项目。特别在国防科学技术上，我们充分利用集中力量办大事这一政治优势，取得了令世人瞩目的辉煌成就。1964 年 10 月 16 日，我国成功地进行了原子弹爆炸实验，中国一跃成为世界上五个核大国之一，集中地体现了我国科学技术发展迈向了更高的水平。

“文化大革命”的十年间，虽然许多领域都遭受到了重大冲击，但在全党全国人民的努力下，我国大项重点项目的建设仍然取得了一定成就。十年间，大批兴建的水利工程进一步配套成龙，在北京、上海、长春等地安装投产了大型的化工和化纤装置，新建成了湖北第二汽车制造厂，著名的葛洲坝水利枢纽工程、唐山陡河电厂等工程开始施工，代表着世界先进水平的南京长江大桥，也于 1968 年竣工。①

20 世纪 70 年代末，改革开放的春风吹遍神州大地，也为国家大项重点项目的建设注入了新的活力，党和国家集中优势力量对工业、农业、水利、交通等基础产业的众多骨干项目进行了大规

① 龙新民、张静如主编：《中国共产党 90 年史话》，中共党史出版社、中国书籍出版社 2015 年 5 月第 1 版，第 334 页。

模的重点建设。截止到 20 世纪末，国家共确定 520 多个重点建设项目，京九铁路、南昆铁路、秦皇岛港煤码头、宁沪杭甬高速公路、南沿海光缆工程、大亚湾核电站，秦山核电站、上海宝钢一二期工程、无锡微电子工程、北京正负电子对撞机工程、长江三峡水利枢纽、黄河小浪底水利枢纽、二滩水电站、广东岭澳核电站、秦山核电站二三期、上海浦东机场、首都国际机场、宝钢三期等一大批国家重点项目工程相继建成投产，对增强国家经济实力、促进对外开放、调整产业结构、缓解经济发展的“瓶颈”制约，保证国民经济持续、快速、健康发展，发挥了极为重要的作用。[①]

新世纪以来，国家又重点实施了青藏铁路、南水北调工程、西气东输工程、西电东送工程、洋山深水港工程、奥运场馆建设工程、京津高速铁路工程、首都机场 T3 航站楼建设工程、国家特高压电网建设工程等许多国家重要工程，也为我国地区经济的协调发展、保障国家财产、人民生命安全以及小康社会的构建等发挥了积极作用。同时，我们在应对自然灾害和金融危机等重大事件时，也充分发挥了社会主义制度能够集中力量办大事的政治优势，以举国之力，合理配置，成功应对了一次又一次挑战。1966 年的邢台大地震、1976 年唐山地震大救援、1998 年抗洪抢险、2003 年抗击“非典”、2008 年汶川大地震抗震救灾中，我们的党

① 段娟：《坚持发挥社会主义集中力量办大事的优越性》，收录于《第十二届学术年会论文集》，当代中国研究所编，张星星主编，当代中国出版社 2013 年版，第 254 页。

和政府有效组织、整合了各地区、各部门、各行业资源，综合运用政府和民间的各种力量，使抢险救灾管理体制和运行机制高速运转，切实发挥了应急抢险、救援救助、保证人民群众生命安全、促进灾后重建的作用。同样，在应对2008年金融危机过程中，我党坚持群众路线，紧紧依靠人民群众，战胜了金融危机。危机伊始，中央政治局常委赴全国各地密集调研，同广大干部群众共商应对大计。中央决策层多方调研，召开多层次、多方面的会议，了解实情，问计于民，集中全党、全社会的力量来迎战危机，终于战胜了金融危机。[①]

党的十八大以来，面对世界经济复苏乏力、局部冲突和动荡频发、全球性问题凸显的外部环境，面对我国经济转型升级的紧迫任务，以习近平同志为核心的党中央大力推进供给侧结构性改革，着力建设现代化经济体系，奋力推动我国经济转向高质量发展。我国经济总量已稳居世界第二位，经济实力持续跃升，综合国力显著增强，中国经济对世界经济增长贡献率连续多年超过30%。新时代在全面建成小康社会的基础上，要全面建设社会主义现代化强国，从而实现中华民族的伟大复兴。但中华民族伟大复兴绝不是轻轻松松、敲锣打鼓就能实现的，有许多“雪山”“草地”要跨越，还有许多“娄山关”“腊子口”要征服，必须充分发挥我国社会主义制

① 段娟：《坚持发挥社会主义集中力量办大事的优越性》，收录于《第十二届学术年会论文集》，当代中国研究所编，张星星主编，当代中国出版社2013年版，第255页。

度能够集中力量办大事的优势，做到全国一盘棋、上下一条心。只有这样，才能有效应对新的挑战、克服重重阻力、解决重大矛盾、抵御重大风险。当前，我国社会主要矛盾是人民日益增长的美好生活需要和不平衡不充分发展之间的矛盾。发展不平衡不充分的问题，已成为制约我国经济社会发展和满足人民美好生活需要的主要因素。比如，生态文明建设正处在压力叠加、负重前行的关键期，生态环境问题是民生之患、民心之痛，成为全面建成小康社会的短板。解决这些问题，都需要坚持和完善集中力量办大事的体制机制，集中全社会力量抓牢重点、补足短板、强化弱项。

新时代要有新气象新作为，需要进一步发挥我国社会主义制度能够集中力量办大事的优势，形成社会主义市场经济条件下集中力量办大事的新机制，切实将这一制度优势转化为治理效能。集中力量办大事，离不开党坚强有力的领导。党的十八大以来，以习近平同志为核心的党中央，大力提高党把方向、谋大局、定政策、促改革的能力和定力，在更高水平上实现了全党全社会思想上的统一、政治上的团结、行动上的一致，为集中力量办大事提供了坚强政治保证和组织基础。为探索社会主义市场经济条件下集中力量办大事的新机制，我们党遵循社会主义市场经济规律，着力管好那些市场管不了、管不好的事情，推动经济社会持续健康发展。针对我国自主创新能力不强的突出问题，集中力量抓基础、抓重点、抓尖端，形成了自主创新的强大力量，有力提升了我国自主创新能力。为打赢脱贫攻坚战，我们党坚持调动全社会扶贫积极性，充分发挥政府和社会两方面力量作用，强化政府责任，引导市场、社会协同发力，构建专项扶贫、行业扶贫、社会扶贫互为补充的大扶贫格局。党的十八大以来，我国实现6000多万贫困人口稳定脱贫，贫困发生率从10.2%下降到4%以下。这一系列重要举措，让集中力量办大事的优势在新的时代条件下转化为强大治理效能，使我国社会主义制度优势得到进一步巩固和发挥。

全面深化改革

党的十九大报告把“坚持全面深化改革”作为14条基本方略之一，强调“只有社会主义才能救中国，只有改革开放才能发展中国、发展社会主义、发展马克思主义”。改革开放是当代中国最鲜明的特色，是我们党在新的历史时期最鲜明的旗帜，是党和人民大踏步赶上时代的重要法宝。[①] 新时代，坚持全面深化改革，必将为实现中华民族伟大复兴的中国梦提供强大动力。

习近平总书记明确指出，“改革开放是党在新的历史条件下领导人民进行的新的伟大革命”“中国特色社会主义之所以具有蓬勃生命力，就在于是实行改革开放的社会主义”“改革开放是决定当代中国命运的关键一招，也是决定实现‘两个一百年’奋斗目标、实现中华民族伟大复兴的关键一招”。从党的十一届三

① 《党的十九大报告学习辅导百问》，党建读物出版社、学习出版社2017年版，第41页。

中全会开始，纵观改革开放 40 多年，中国人民在中国共产党的坚强领导下，充分运用马克思主义基本原理，结合我国发展实际，坚持走中国特色社会主义道路，取得了令世人惊叹的发展成就，大踏步赶上时代，日益走近世界舞台中央。

党的十八大以来，以习近平同志为核心的党中央站在全局和历史的高度，明确了全面深化改革的战略布局，实现了改革理论和方针政策的一系列重大突破，形成了全面深化改革的重要战略思想。2013 年 11 月 12 日，党的十八届三中全会通过了《中共中央关于全面深化改革若干重大问题的决定》，突破性地为中国改革“升级”，提出“全面深化改革”的全新主张。全面深化改革的提出，是我们党坚持以邓小平理论、“三个代表”重要思想、科学发展观为指导，在新形势下坚定不移贯彻党的基本路线、基本纲领、基本经验、基本要求，坚定不移高举改革开放大旗的重要宣示和重要体现。[①] 2014 年 12 月，全面深化改革与全面建成小康社会、全面依法治国、全面从严治党一起作为“四个全面”战略布局的重要内容，更完整地展现出了以习近平同志为核心的党中央治国理政总体框架。

围绕为什么要全面深化改革、怎样全面深化改革等重大现实问题，习近平总书记站在时代的高度，对改革开放进行了多角度全方位的理论思考，从改革地位、改革时态、改革定力、改革任务、

① 《十八大以来重要文献选编》（上），中央文献出版社 2014 年版，第 495 页。

改革目标、改革特征、改革方法、改革推进、改革动力、改革担当十个方面提出了一系列科学而又精辟的论述，将党的改革理论的系统探索推向了新的高度。如果说改革开放是当代中国最鲜明的特色，那么以更大的政治定力、政治勇气和政治智慧推进改革，用全局观念和系统思维谋划改革，就是党的十八大以来深化改革最鲜明的特征。党的改革方略由此步入一个全新高度，我国的改革开放进入了一个全新境界。

全面深化改革，根本在“改革”，关键在“深化”，重点在“全面”。强调改革，就是要始终高举改革的旗帜不动摇，勇于自我革命，敢于直面问题；强调“深入”，就是要有勇气、有胆识、有担当，敢于啃硬骨头，敢于涉险滩、闯难关；强调“全面”，就是表明改革不是某一领域、某一方面单兵突进，而是全面系统改革，必须加强顶层设计，使各方面改革协调推进、形成合力。①

习近平总书记在党的十九大报告中指出，改革开放只有进行时，没有完成时。在新的历史起点上，继续推进改革开放，就是要坚持全面深化改革，坚持和完善中国特色社会主义制度，不断推进国家治理体系和治理能力现代化，坚决破除一切不合时宜的思想观念和体制机制弊端，突破利益固化的藩篱，吸收人类文明有益成果，构建系统完备、科学规范、运行有效的制度体系，充分发挥我国社会主义制度优越性。

---

① 《党的十九大报告学习辅导百问》，党建读物出版社、学习出版社2017年版，第41页。

全面深化改革，总目标是党的十八届三中全会《中共中央关于全面深化改革若干重大问题的决定》中提出的“完善和发展中国特色社会主义制度，推进国家治理体系和治理能力现代化”，这就确定了全面深化改革和各领域各方面的改革的目标取向。

全面深化改革，改革范围更加全面。随着中国特色社会主义理论和实践的不断发展，改革逐渐从经济领域向政治、文化、社会、生态文明等领域逐步扩展，更具有全局性和系统性。党的十八届三中全会提出的全面深化改革包括经济体制、政治体制、文化体制、社会体制、生态文明体制等五大领域改革以及国防和军队改革、党的建设制度改革，在每一个领域又涉及各方面改革，形成党和国家事业发展各领域各方面全覆盖的改革总体部署。这个发展进程从局部启动、重点突破、以点带面，进入现在更加协调、更加包容、更加公正、更加绿色的阶段。[①]

全面深化改革，改革层次不断向纵深推进。全面深化改革必将面临利益的重新调整，必须突破体制性障碍和阻力，以“冲破思想观念障碍，突破利益固化藩篱”的勇气、“敢于啃硬骨头，敢于涉险滩”的决心、“改革开放只有进行时没有完成时”的坚韧、“没有比人更高的山，没有比脚更长的路”的气魄[②]，不断推动中

① 韩震：《全面深化改革是新时代中国发展的活力之源》，《北京日报》，2017年11月27日第13版。

② 人民日报评论员：《改革让中国道路越走越宽广》，《人民日报》，2015年2月27日第1版。

国特色社会主义制度自我完善和发展。

全面深化改革，要继续突出重点，克服难点。展望未来，在坚持全面深化改革的同时，会突出改革重点，克服改革难点。未来几年改革要在破除各方面体制机制弊端、调整深层次利益格局上再拿下一些硬任务，重点推进国企国资、垄断行业、产权保护、财税金融、乡村振兴、社会保障、对外开放、生态文明等关键领域改革。同时，要提高政治站位，勇于推进改革，敢于自我革命。要结合实际，实事求是，多从基层和群众关心的问题上找突破口，多推有地方特点的改革。①

中国特色社会主义进入新时代，全面深化改革站上更高起点处在新的历史坐标。面向“两个一百年”奋斗目标，习近平总书记在党的十九大上，围绕党和国家事业发展新要求对全面深化改革做出战略部署，围绕党和国家事业发展新阶段，部署了一批力度更大、要求更高、举措更实的改革任务，绘就了新时代全面深化改革的宏伟蓝图，对改革工作提出了更高的要求。面对挑战，习近平总书记强调，我们必须准备付出更为艰巨、更为艰苦的努力，接力探索、接续奋斗，要弘扬改革创新精神，推动思想再解放改革再深入工作再抓实，凝聚起全面深化改革的强大力量，在新起点上实现新突破。

在新的历史起点上，进行全面深化改革，就是要以更高站位

---

① 沈传亮：《坚定不移推进全面深化改革》，《中国报道》，2018 年第 2 期。

和追求审视改革开放，以更强定力和自信把握改革开放大势，以更宽视野和思路推进改革开放，以更坚定的意志和担当落实改革开放任务。必须清醒地认识到只有社会主义才能救中国，只有改革开放才能发展中国、发展社会主义、发展马克思主义。如果说40年前的改革开放，是形势所迫，是不改革开放就有被开除“球籍”危险；那么，今天的改革开放，更多体现的是一种自信、自觉和自强的使命追求，出发点是实现“两个一百年”奋斗目标、实现中华民族伟大复兴，是让科学社会主义在中国焕发更强的生机活力，是为解决人类问题贡献更多的中国智慧和中国方案。因此，我们必须保持足够的清醒，坚定“四个自信”，保持政治定力，牢牢把握坚持和完善党的领导、坚持和完善中国特色社会主义的根本方向，把握改革方向的定义权、改革举措的主导权，坚定不移走好已经开辟的为实践证明了的正确道路，科学总结运用改革开放40年的成功经验，积极吸收借鉴古今中外的有益成果，用改革开放的全面深化带动中国特色社会主义事业的全面发展。①

坚定“四个自信”

党的十九大报告指出：“全党要更加自觉地增强道路自信、理论自信、制度自信、文化自信，既不走封闭僵化的老路，也不

① 甄占民：《改革开放与中国特色社会主义同向共进》，《人民日报》，2018年10月09日第7版。

走改旗易帜的邪路，保持政治定力，坚持实干兴邦，始终坚持和发展中国特色社会主义。”党的十八大以来，以习近平同志为核心的党中央带领全党全国各族人民着力推进改革开放和社会主义现代化建设，在中国特色社会主义道路、理论、制度、文化等方面都取得了卓越功勋，并形成了习近平新时代中国特色社会主义思想。我们有理由相信，中国特色社会主义事业一定会取得更大的成功。

坚定道路自信，矢志不渝走好中国特色大道。道路关乎前途命运、决定历史走向。所谓“道路自信”，是指党和人民坚持走中国特色社会主义道路的坚定信心。[①] 中国特色社会主义道路奠基于中华人民共和国成立，发展于改革开放，是经过艰难探索被实践充分证明完全符合中国国情的实现伟大梦想的必由之路。这条道路是国家强盛、民族复兴之路。改革开放以来，我们党团结带领全国各族人民开创新的伟大事业，极大解放和发展社会生产力，国家实现了从站起来到富起来、强起来的伟大飞跃。我国综合国力显著增强，国际地位大幅提高，各民族空前团结，中华民族不断焕发出新的蓬勃生机，经济总量 2010 年超过日本跃居世界第二位，并和美国的差距逐步缩小，短短 40 年，创造了人类社会发展史上惊天动地的发展奇迹。改革开放初期，我国贫困人口约有 7.7 亿人，到 2018 年底，减少到约 1660 万人，中国用 30 余年时间让

① 《四个自信党员干部读本》，中共中央党校出版社 2016 年版，第 33 页。

7 亿多人脱贫，最早实现了联合国千年发展目标中减贫脱贫目标。展望 2020 年我国将全面建成小康社会，将顺利实现第一个百年奋斗目标，中华民族将告别绝对贫困。实践一再证明，中国特色社会主义道路，就是中国人民的光明之路、幸福之路、希望之路。这条道路也是军队强大、转型重塑之路。国富才能军强，人民军队与祖国同成长、共前进。党的十八大以来，习近平总书记带领我军坚定不移地走强军兴军之路，努力打造一支世界一流军队；坚定不移地加强军队政治建设，锻造一支政治过硬、思想过硬的人民军队；坚定不移开展党风廉政建设和反腐败斗争，使我们的军队更加纯洁，更加坚不可摧；坚定不移地推进全面深化国防和军队改革，形成军委管总、战区主战、军种主建的新格局；推进练兵备战，不断提高人民军队建设质量和效益；推动科技兴军，坚持向科技创新要战斗力；坚持依法治军、从严治军，推进治军方式根本性转变。人民军队的政治生态、组织形态、力量体系和作风形象都得到了重塑。

坚定理论自信，矢志不渝把握正确指引。理论是行动的指南。理论自信就是对中国特色社会主义理论体系的科学性、真理性、正确性的自信。[①] 中国特色社会主义理论源于中国特色社会主义伟大实践，是实践的科学提纯和有机升华。改革开放以来，特别是党的十八大后，我们始终坚持和发展中国特色社会主义理论，党和国

---

① 《四个自信党员干部读本》，中共中央党校出版社 2016 年版，第 95 页。

家各项事业蓬勃发展、发生历史性巨变，实践充分证明这一理论无比正确，并开辟了理论发展的新境界。时代是思想之母，实践是理论之源。我们党始终保持和发扬马克思主义政党与时俱进的理论品格，以习近平总书记系列重要讲话精神为理论旗帜，围绕改革发展稳定、内政外交国防、治党治国治军等坚持不懈探索、推进理论创新，提出了一系列治国理政新理念新思想新战略，形成了习近平新时代中国特色社会主义思想。实践充分证明，习近平新时代中国特色社会主义思想是指引我们新时期进行伟大斗争、建设伟大工程、推进伟大事业、实现伟大梦想必须始终坚持的科学理论指导和行动指南。党的十八大以来，以习近平同志为核心的党中央顺应实践发展和人民期待，采取一系列重大战略举措，以逆水行舟、滚石上山的决心和担当，解决了许多长期没有解决的大难题，办成了许多人民群众期盼的大事，中国社会面貌为之一新。坚持把党的政治建设摆在首位，深化运用监督执纪“四种形态”，夺取反腐败斗争压倒性胜利，着力惩治群众身边的腐败问题，完善党和国家监督体系，取得了新的重大成果，为实现党和国家事业新发展提供了坚强保障。经过全党共同努力，党的集中统一领导更加坚强有力，党的建设新的伟大工程全方位加强，全面从严治党实效性不断提高，党内政治生态进一步改善，党在新时代新征程中焕发出更加强大的生机活力。贯彻新发展理念，去产能、调结构、治污染、惠民生，天蓝地绿水清的良好生态环境逐渐成为美好现实。当下，中国特色社会主义理论指引中国社会飞速发展、沧桑巨变，更加活力四射、充满生机。我们用成功实践和辉煌成就向全世界表明，习近平新时代中国特色社会主义思想拓展了发展中国家走向现代化的途径，为解决世界众多国家难题贡献了中国智慧、提供了中国方案。

坚定制度自信，矢志不渝发挥体制优势。中国特色社会主义制度是前无古人的伟大奇迹，是社会制度的伟大创举，与西方资本主义制度相比较，具有保证政府高效运转的政治优势，具有凝聚意志力量的思想优势，具有解放和发展社会生产力的经济优势，始终确保中国特色社会主义这艘巨轮不断驶向光辉的未来。

坚定文化自信，矢志不渝凝聚精神力量。文化自信，简而言之，就是对自身文化价值的充分肯定，是对自身文化生命力的坚定信念。[①] 文化自信是更基础、更广泛、更深厚的自信，中国特色社会主义文化根植于五千多年中华优秀传统文化，是我们党带领全国各族人民在伟大斗争中孕育和发展起来的社会主义先进文化，是全体中华儿女滋养心灵、砥砺前行共有的精神家园和制胜力量。中国特色社会主义文化是先进文化的代表。中华文化博大精深、独树一帜、一脉相承，曾经辉煌灿烂、领先世界。归结起来，这种文化先进性体现在以爱国主义为核心的民族精神和以改革创新为核心的时代精神中，体现在以国家、社会、个人高度融合的“富强、民主、文明、和谐”“自由、平等、公正、法治”“爱国、敬业、

① 《新时代面对面》，学习出版社、人民出版社 2018 年版，第 117 页。

诚信、友善”的社会主义核心价值观中，这些崇高理念和价值追求既是全社会的道德标准和价值高地，也是每个人的行为规范和精神支柱，正在得到世界上越来越多国家的认同。中国特色社会主义文化尤其是新时期中国特色社会主义文化是高尚文化的集成，继承和发扬了中华传统文化讲仁爱、重民本、崇正义、尚共享、求自强等思想，经受了磨难与考验，经受了各种异域文化的冲击与碰撞，展现出极大的开放性、包容性，占据了人类文明的制高点。党的十八大以来，我国尊重各国人民自主选择发展道路的权利，积极推动构建人类命运共同体和利益共同体，不唱独角戏、不搞后花园，以自己的发展为国际发展做出重要贡献，主动建设各国共享的百花园。中国推动“一带一路”发展倡议、发起创设亚投行，坚持互利共赢，绝不附加任何政治条件，给世界带去的是希望、是发展、是共享、是普惠，中国特色社会主义文化被世界越来越多的国家和民族接受和推崇，其当之无愧成为世界上最好的文化之一，我们有充分的理由高度自信。

时间是历史的见证者。中华民族之所以能够实现从站起来、富起来到强起来的历史性飞跃，关键在于新的伟大斗争实践中形成了习近平同志这个党中央的核心、全党的核心。我们更加有理由做到“四个自信”，坚信“四个自信”，始终不忘初心、牢记使命，撸起袖子加油干，为实现中华民族伟大复兴的中国梦而不懈奋斗。

九、中国共产党为什么能保持先进性和纯洁性，始终走在时代前列

★★★★★★★★★★★★★★★★★★★★★★★★★★★★★★★

习近平总书记在庆祝中国共产党成立95周年的重要讲话中指出，“要保持党的先进性和纯洁性，着力提高执政能力和领导水平，着力增强抵御风险和拒腐防变能力，不断把党的建设新的伟大工程推向前进”[①]。先进性和纯洁性是马克思主义政党的本质属性。探索并总结中国共产党保持先进性和纯洁性的奥秘，才能把党建设得更加坚强有力，确保党始终走在时代前列，推动党的事业健康发展。

坚强的领导核心

毛泽东指出：“中国共产党是全中国人民的领导核心。没有这样一个核心，社会主义事业就不能胜利。”[②] 伟大的事业需要坚

---

① 习近平：《在庆祝中国共产党成立95周年大会上的讲话》，《人民日报》，2016年7月2日第2版。

② 《毛泽东文集》第七卷，人民出版社1999年版，第303页。

强的领导核心，党的历史一再证明这一颠扑不破的真理。无论是作为过去的革命党，还是今日的执政党，中国共产党始终保持和发扬了在中国迈向现代化进程中的领导核心作用，这是不争的事实。

近代以来，封建统治腐朽堕落、颓废无能，西方列强乘虚而入、大肆侵略，中国逐步沦为半殖民地半封建社会，兵连祸结，满目疮痍，民不聊生。1921 年，中国共产党在马克思列宁主义同中国工人运动相结合的进程中应运而生，义无反顾地肩负起救国救民、振兴中华的历史重任。一路走来，“党团结带领中国人民进行 28 年浴血奋战，打败日本帝国主义，推翻国民党反动统治，完成新民主主义革命，建立中华人民共和国”，“实现了中国从几千年封建专制政治向人民民主的伟大飞跃”；“党团结带领中国人民完成社会主义革命，确立社会主义基本制度，消灭一切剥削制度，推进了社会主义建设”，“实现了民族由不断衰落到根本扭转命运、持续走向繁荣富强的伟大飞跃”；“党团结带领中国人民进行改革开放新的伟大革命，极大激发广大人民群众的创造性，极大解放和发展社会生产力，极大增强社会发展活力，人民生活显著改善，综合国力显著增强，国际地位显著提高”，“实现了中国人民从站起来到富起来、强起来的伟大飞跃”。①

① 习近平：《在庆祝中国共产党成立 95 周年大会上的讲话》，《人民日报》，2016 年 7 月 2 日第 2 版。

《中国共产党章程》规定：“中国共产党是中国工人阶级的先锋队，同时是中国人民和中华民族的先锋队，是中国特色社会主义事业的领导核心，代表中国先进生产力的发展要求，代表中国先进文化的前进方向，代表中国最广大人民的根本利益。”[①] 从建党之日起，我们党就始终高举马克思列宁主义伟大旗帜，把实现社会主义、共产主义作为自己的奋斗目标。“树高千尺皆有根，江河入海皆有源。”在革命、建设和改革的洗礼中，正是源于我们党充分发挥了坚强的领导核心作用，才逐步积淀形成了中国特色社会主义特有的道路自信、理论自信、制度自信、文化自信。

习近平总书记强调，“中国特色社会主义最本质的特征是中国共产党领导，中国特色社会主义制度的最大优势是中国共产党领导”[②]。在建设中国特色社会主义的伟大征程中，党的领导核心地位突出体现在总揽全局、协调各方。党中央做出的决策部署，党的各个部门，人大、政府、政协、监察委、法院、检察院的党组织，各个事业单位、人民团体等的党组织都要深入贯彻落实。在国家治理体系的大棋局中，党中央是坐镇中军帐的“帅”，车马炮各展其长，一盘棋大局分明，治国理政才有方向、有章法、有力量。[③]

---

① 《中国共产党章程》，人民出版社 2017 年版，第 1 页。

② 习近平：《决胜全面建成小康社会 夺取新时代中国特色社会主义伟大胜利》，《人民日报》，2017 年 10 月 28 日第 2 版。

③ 《习近平新时代中国特色社会主义思想三十讲》，学习出版社 2018 年版，第 79 页。

“党政军民学，东西南北中，党是领导一切的。”[①] 倘若弱化党的领导，甚至放弃党的领导，党的执政地位就会丢失，社会主义性质就很有可能变质变色、改旗易帜，我们通过几十年艰苦奋斗所取得的伟大成就也会付之一炬。纵观世界社会主义运动的历史，这方面教训非常多。1871 年 3 月 18 日，巴黎公社发起了无产阶级武装暴力直接夺取城市政权的第一次尝试，由于缺乏一个坚强有力的无产阶级领导核心，导致政权内部各派别冲突斗争不断，在苦撑 72 天后终归失败；有着 70 多年丰富执政经验的苏联共产党，后来因为没有坚强有力的党的领导核心，造成了理论走板、社会混乱，组织瘫痪，在一夜之内同它曾领导的加盟共和国一同坍塌。这充分表明，即便是有 2000 万党员的大党，有再辉煌伟大的革命事业，党和国家如果没有强有力的领导核心就很难巩固政权继续前进。

古往今来的实践证明，任何国家任何时候都需要政治领导核心，同样，任何政党任何时候也都需要坚强的领导核心。从深层次讲，共产党的领导核心呈现四个层面的蕴含：其一，在全民层面，中国共产党是中国特色社会主义事业的领导核心；其二，在全党层面，党中央是中国特色社会主义事业的领导核心；其三，在中央层面，中央政治局及其常务委员会是中国特色社会主义事业的

① 习近平：《决胜全面建成小康社会 夺取新时代中国特色社会主义伟大胜利》，《人民日报》，2017 年 10 月 28 日第 2 版。

领导核心；其四，在中央政治局及其常务委员会这个领导集体层面，党的领袖是中国特色社会主义事业的领导核心。[①]

任何一个国家和政党，其领导核心所发挥的作用非常重要。当人们翻开中国共产党的奋斗史，必然会发现一个规律：当党缺乏一个坚强有力的领导核心时，事业就会遇到困难和挫折；当确立一个坚强有力的领导核心时，事业就会推向前进。

遵义会议前，我们党没有形成一个成熟的党中央，陈独秀、瞿秋白、向忠发、李立三、王明、博古都没有成为众望所归的全党核心，右倾投降主义和“左”倾冒险主义交替登场，党的事业几经挫折，蒙受巨大损失。就在革命面临失败危险的时候，党及时召开了遵义会议，确立了毛泽东同志在党和红军中的领导地位，在形成的新的中央领导集体中起到了核心作用，做出了“向何处去”等一系列正确的重大的决策，在极端危急的情况下挽救了红军、挽救了党、挽救了中国革命。从此，中国革命便焕然一新，不断从胜利走向胜利。

党的十一届三中全会确立了邓小平同志在全党的领导核心地位，他迅速凝聚全党共识，组织拨乱反正，实现了“从‘两个凡是’向‘实事求是’的转变、从阶级斗争为纲向以经济建设为中心的转变、从封闭和固守成规向改革开放的转变”[②]，开创了中国特色

---

① 王思怀、刘敦俊：《中国共产党领导核心的政治解读》，《商洛学院学报》，2018年第5期。

② 余玮：《邓小平在十一届三中全会前后》，《传记文学》，2018年第1期。

社会主义伟大事业，把我们带上了强国富民的快车道。他指出：“任何一个领导集体都要有一个核心，没有核心的领导是靠不住的。第一代领导集体的核心是毛主席。因为有毛主席作领导核心，‘文化大革命’就没有把共产党打倒。第二代实际上我是核心，因为有这个核心，即使发生了两个领导人的变动，都没有影响我们党的领导，党的领导始终是稳定的。”①历史已经证明，坚强的领导核心在党和国家发展中是十分必要、不可缺少的。

《中国共产党第十八届中央委员会第六次全体会议公报》首次正式提出“以习近平同志为核心的党中央”，明确了习近平总书记在全党的领导核心地位，并指出：“坚持党的领导，首先是坚持党中央的集中统一领导。一个国家、一个政党，领导核心至关重要。全党必须自觉在思想上政治上行动上同党中央保持高度一致。”

习近平总书记作为党中央的核心及其在全党的核心地位，是在伟大斗争中形成的。他是在长期革命实践中、在新的伟大斗争中、在人民群众中成长起来的共产党的领袖、人民的领袖，具有马克思主义政治家非凡的政治智慧、高超的领导能力、强大的人格魅力。②党的十八大以来，习近平总书记立足世情国情深刻变化，带领全党全国各族人民接续推进中国特色社会主义伟大事业，进

① 《邓小平文选》第三卷，人民出版社 1993 年版，第 310 页。

② 《习近平新时代中国特色社会主义思想三十讲》，学习出版社 2018 年版，第 78 页。

行具有许多新的历史特点的伟大斗争，推动管党治党由“宽松软”走向“严紧硬”，使党和国家事业取得了历史性成就，使我国精神面貌发生了翻天覆地的变化，赢得了全党全军全国各族人民的衷心拥护和国际社会的广泛赞誉。事实证明，习近平总书记成为全党领导核心水到聚成，众望所归，当之无愧。

在几代中央领导核心的带领下，中国共产党创造了中国革命、建设和改革开放的伟大成就，使中国人民从站起来到富起来再到强起来。当前，中国特色社会主义已经进入了新时代，但国内外形势依然复杂严峻，党内“四大考验”“四种危险”也现实地摆在面前，这比任何时候都更需要一个坚强有力的领导核心，更需要步调一致地维护党中央权威。这不仅是我们党永葆旺盛生命力和强大战斗力的必然要求，也是进行伟大斗争、建设伟大工程、推进伟大事业、实现伟大梦想，实现“两个一百年”奋斗目标和中华民族伟大复兴中国梦的必备条件和必由之路。

“打虎拍蝇”无禁区

腐败有其深刻的政治因素，也有其滋生的社会土壤，作为一种依附于权力而存在的历史现象，从来就有，它是人类社会在一定发展阶段上的必然产物，本质上属于剥削制度和剥削阶级，严重阻碍着人类文明的进步。如果不加强党风廉政建设，任由腐败问题滋生蔓延、愈演愈烈，任何执政党都会失去民心、遭到唾弃，最终丧失政权、亡党亡国。只有坚决做到有腐必反、有贪必肃，才能赢得民心，才能确保党永远保持先进性和纯洁性。

党风廉政建设和反腐败斗争，是全面从严治党的重要方面，是具有许多新的历史特点的伟大斗争的重要内容，是统筹推进“五位一体”总体布局和协调推进“四个全面”战略布局的重要保证。坚持把党风廉政建设和反腐败斗争上升到关系党和国家生死存亡的高度来认识，是历史教训的警醒，是新时代使命与任务的呼唤。君不见，古往今来，世界历史上有多少曾不可一世的帝国轰然崩溃，中国历史上有多少辉煌一时的封建王朝一朝覆灭，当今世界多少长期执政的老党、大党垮台，所有这些花开花落不都是因为严重腐败而失去民心最终导致政息人亡？

唐王朝建立后，唐太宗李世民日理万机、励精图治，社会安定，经济繁荣，留下了“贞观之治”的千古佳话。但是，后来的统治者渐渐忘乎所以，沉醉于歌舞升平、声色犬马，特别是唐玄宗时“一骑红尘妃子笑，无人知是荔枝来”“春宵苦短日高起，从此君王不早朝”，各级官吏贪污贿赂成风，导致安史之乱爆发，唐朝人口大量丧失、国力锐减，出现藩镇割据局面，逐步从兴盛转向衰败。伴随着黄巢起义攻下长安，不可一世的唐王朝最终寿终正寝。

苏共失去民心的原因有许多，比如，戈尔巴乔夫的所谓新思维，经济衰退，物价飞涨，但其中最突出的问题还是腐败，对苏联人民的心理冲击最大。家族腐败也是重要的引爆器，党的领导层首先想到的是把自己的儿孙辈安排好，把自己的家庭安排好，苏共的蜕化变质和最终解体，实际上是在家庭这个最基础的层面就发生了，尽管媒体还吹捧他们为“伟大的革命家”“为工农事业而奋斗的战士”，但老百姓再也不信了。[①]

反腐倡廉作为重大的政治任务，是由党的性质和宗旨决定的。中国共产党是马克思主义指导下的无产阶级政党，全心全意为人民服务是党的根本宗旨和价值追求，党的最终目标是要消灭阶级、消灭剥削，实现共产主义。腐败是剥削制度的产物和遗毒，铲除腐败是共产主义事业的题中应有之义，包含在共产党人的价值追求之中。[②]

毛泽东指出：“腐败不清除，苏维埃旗帜就打不下去，共产党就会失去威望和民心！与贪污腐化作斗争，是我们共产党人的天职，谁也阻挡不了！”[③] 1940 年，在陕甘宁边区经济最艰难的时候，组织安排老战士肖玉璧到清涧县张家畔税务所当主任。肖玉璧战功赫赫，因打仗而留在身上的伤疤达 90 余处。他居功自傲，一上任就贪污受贿，竟然利用职权便利把根据地奇缺的食油、面粉卖给国民党军队。被捕后，边区政府依法判处他死刑，他以战功为由向毛泽东求情。但毛泽东斩钉截铁地说：“我完全拥护法院判决。”就这样，贪污犯肖玉璧被依法执行枪决。同样还有刘

---

① 《全面从严治党：锻造伟大事业坚强领导核心》，党建读物出版社 2017 年版，第 160 页。

② 《领导核心 执政使命 伟大工程》，武汉大学出版社 2014 年版，第 117 页。

③ 吴文珑：《毛泽东力主严处苏区“第一个贪官”》，《人民日报》，2017 年 6 月 27 日第 18 版。

青山、张子善，作为天津地委前后两任书记，1951 年因严重贪污，被判处死刑。有人替他们求情，希望给他们一个改过自新的机会。毛泽东明确表示：“正因为他们两人的地位高，功劳大，影响大，所以才要下决心处决他们。只有处决他们，才可能挽救二十个、两百个、两千个、两万个犯有各种不同程度错误的干部。”①

邓小平曾围绕建设社会主义、改革开放中的反腐败工作发表过重要论断：“我们为社会主义奋斗，不但是因为社会主义有条件比资本主义更快地发展生产力，而且因为只有社会主义才能消除资本主义和其他剥削制度所必然产生的种种贪婪、腐败和不公正现象。”“我们要反对腐败，搞廉洁政治。不是搞一天两天、一月两月，整个改革开放过程中都要反对腐败。我们前进的步伐会更稳健，更扎实，更快。我很相信这一点。”

腐败问题是党健康肌体内的毒瘤，与党的性质和宗旨格格不入、背道而驰，坚持不懈反对腐败、倡导廉政，是坚持党的领导、巩固党的执政地位和执政基础的必然要求。党的十八大以来，以习近平同志为核心的党中央对推进党风廉政建设和反腐败斗争态度坚定、旗帜鲜明、领导有力，中央纪委和各级纪检监察机关深入贯彻党中央决策部署，严格落实中央八项规定精神，创新运用监督执纪“四种形态”，坚持零容忍的态度不变、猛药去疴的决

① 朱东君：《制度反腐一直在路上》，《环球人物》，2016 年第 26 期。

心不减、刮骨疗伤的勇气不泄、严厉惩处的尺度不松[①]，坚持“老虎”“苍蝇”一起打，持而不息纠“四风”转作风，既从快从严从重查处领导干部违纪违法案件，又切实解决群众身边的不正之风和腐败问题，党风政风得到根本好转。

国法面前没有特殊公民，党纪面前没有特权党员。2014年7月29日，中共中央决定对原中央政治局常委、中央政法委书记周永康进行立案审查。12月5日，中共中央纪律检查委员会《关于周永康严重违纪案的审查报告》决定给予周永康开除党籍处分，对涉嫌违法犯罪问题移送司法机关处理。2015年6月11日，天津市第一中级人民法院依法对周永康受贿、滥用职权、故意泄露国家秘密案进行了一审宣判，认定周永康犯受贿罪，判处无期徒刑，剥夺政治权利终身，并处没收个人财产；犯滥用职权罪，判处有期徒刑七年；犯故意泄露国家秘密罪，判处有期徒刑四年，三罪并罚，决定执行无期徒刑，剥夺政治权利终身，并处没收个人财产。周永康的落马表明，“刑不上大夫”的说法，只是一些人的臆想与猜测。随后，中共中央又相继查处了徐才厚、郭伯雄、令计划、苏荣等一大批高官严重违纪案件，“老虎”位置之高、数量之众，不断刷新世人认知。这也充分表明了党中央反腐败的坚强决心：在贪腐问题上没有人能有例外，谁也没有免罪的“丹书铁券”。

---

① 《习近平接受〈华尔街日报〉采访：坚持构建中美新型大国关系正确方向，促进亚太地区和世界和平稳定发展》，《人民日报》，2015年9月23日第2版。

相对于“远在天边”的老虎，群众对“近在眼前”嗡嗡乱飞的“蝇贪”感觉更为真切。“微腐败”也可能会酿成大祸，它损害的是老百姓的切身利益，啃食的是群众获得感，侵蚀的是人民对党的信任。中央对整治“微腐败”高度重视，进行重点督办，把压力传导到一线，责任落实到基层，从严从快从重查处老百姓身边的不正之风。河北省秦皇岛市城市管理局副调研员、北戴河区供水总公司原总经理马超群，涉嫌受贿、贪污挪用公款、巨额财产来源不明被查处时，在其家中搜出现金约1.2亿元，黄金37公斤，在北京和秦皇岛等地房产手续68套，贪腐程度令人难以置信。北京市海淀区西北旺镇皇后店村原会计陈万寿，竟然挪用资金1.19亿元，用“苍蝇的体格、老虎的胃口”形容再恰当不过。

党的十九大以来，我们贯彻落实新时代党的建设总要求，坚持把党的政治建设摆在首位，深化运用监督执纪“四种形态”，夺取反腐败斗争压倒性胜利，着力惩治群众身边的腐败问题，完善党和国家监督体系，取得了新的重大成果，为实现党和国家事业新发展提供了坚强保障。经过全党共同努力，党的集中统一领导更加坚强有力，党的建设新的伟大工程全方位加强，全面从严治党实效性不断提高，党内政治生态进一步改善，党在新时代新征程焕发出更加强大的生机活力。

反腐倡廉作为重大政治任务，要常抓不懈，一抓到底。但由于其斗争的复杂性，艰巨性，不可能一蹴而就。当前我们党仍然面临着“四大考验”和“四大危险”，党要管党、从严治党的任务比以往任何时候都更加艰巨、更为紧迫。对此，我们决不能掉以轻心，必须警钟长鸣。

选好配强干工作的行家里手

治国之要，首在用人。毛泽东同志指出：“政治路线确定之后，干部就是决定的因素。”① 邓小平同志也强调：“正确的政治路线要靠正确的组织路线来保证。中国的事情能不能办好，社会主义和改革开放能不能坚持，经济能不能快一点发展起来，国家能不能长治久安，从一定意义上说，关键在人。”② 各级领导班子和干部队伍是党的路线方针政策的制定者、执政使命的践行者、执政活动的组织者，是党执政的重要政治资源和有效载体，其素质的强弱是决定党执政效能高低的最终因素。因此，建设一支高素质的干部队伍，培养和造就大批德才兼备的领导人才，是党和国家长治久安的根本大计。

历史上在选人用人方面取得成功或导致失败的例子不胜枚举。三国时，刘备病逝前告诫诸葛亮，马谡“言过其实，不可大用”。但诸葛亮因“马氏五常”名声在外，且马谡在七擒孟获时有功，一直对他推心置腹。北伐曹魏时，诸葛亮任命马谡为前锋，镇守战略要地街亭。到街亭后，马谡刚愎自用不听副将王平建议，一

① 《毛泽东选集》第二卷，人民出版社 1991 年版，第 526 页。

② 《邓小平文选》第三卷，人民出版社 1993 年版，第 380 页。

意孤行屯兵山头，被司马懿切断粮食水源，以至于街亭失守，蜀军由胜势转为败势，从此一蹶不振，逐步走向灭亡。第二次世界大战时在莫斯科保卫战中，德军统帅部实施“台风”计划，从北、西、南三个方面在维亚兹马和布良斯克地区将苏军切割并围歼，然后从南北两个方面向苏联首都莫斯科迂回逼近。在这生死攸关时刻，斯大林慧眼识珠，任命朱可夫为西方面军总司令。在朱可夫坚决果断的指挥下，苏军在红场阅兵后直接奔赴战场，进而由守反攻，一举拿下了莫斯科保卫战的胜利，打破了希特勒吹嘘德军天下无敌的神话，使德国东线开始走向灭亡，为斯大林格勒战役及第二次世界大战转折奠定了基础。

我们党历来高度重视选贤任能，一直把选人用人工作作为事关党和国家事业长治久安的根本性、关键性问题来抓。中华人民共和国成立初期，党中央就提出了要加强各级干部的全面培训，通过举办扫盲班、文化补习班、选调部队干部上大学等举措，着力提高党员干部的文化知识水平，保证了新生政权的干部需求。1954 年，党中央制订和实施《关于轮训全党高、中级干部和调整党校的计划》，对领导干部能力素质的提高起到了积极推动作用。1957 年到 1966 年，党和国家及时调整干部人事方针政策，培养了大批懂经济、懂管理、懂教育文化和科技的骨干，为大规模经济建设提供了人才队伍保障。这期间，毛泽东提出培养和造就革命事业接班人问题，按照中组部提出的提拔新生力量的四项举措，中央和地方党委选调一批优秀青年知识分子干部到基层挂职锻炼，还从应届毕业生中挑选一批优秀分子进行重点培养。党的十一届三中全会后，立足改革开放实际，党和国家提出了“尊重知识、尊重人才”和干部革命化、年轻化、知识化、专业化“四化”等重大方针，废除了实际存在的领导职务终身制，建立了干部离退休制度，实行新老干部合作与交替，大力培养选拔年轻干部；坚持“管少、管好、管活”原则，将过于集中的干部人事管理体制进行整改；对科技人员流动加以规范，恢复专业技术职称评审等工作，为改革开放和社会主义现代化建设提供了强有力的组织保证。1987 年后，着眼改变之前用党政干部管理模式管理所有人才的单一体制，推行公务员制度，改革专业技术人员管理制度，逐步完善机关、事业、企业各具特色的人才管理模式。2000 年以来，提出实施人才强国战略和党管人才原则，科学构建人才工作领导体制和运行机制，逐步形成“党委统一领导，组织部门牵头抓总，有关部门各司其职、密切配合”的人才工作新格局。

党的十八大以来，围绕治国理政新要求，习近平总书记在全国组织工作会议上提出“信念坚定、为民服务、勤政务实、敢于担当、清正廉洁”的好干部五项标准，强调干部要忠诚、干净、担当，自觉践行“三严三实”要求，具有铁一般信仰、铁一般信念、铁一般纪律、铁一般担当，为新时代选人用人工作提供了科学指南。积极推进干部人事制度改革，修订完善《党政领导干部选拔任用工作条例》，把好干部标准贯彻落实到干部选拔任用的各个方面，着力解决干部工作中存在的“唯票取人”“唯分取人”“唯

GDP取人”“唯年龄取人”“海推”“海选”等问题，注重培养选拔具有专业能力和专业精神、适应新时代中国特色社会主义发展要求的干部，注重培养选拔在基层扎实历练、在“吃劲”岗位和艰苦地区经受磨炼、业绩突出的干部，真正把党和人民需要的好干部精心培养起来、及时发现出来、合理使用起来。[①] 发挥干部考核“指挥棒”作用，强化干部综合考核评价，建立干部实绩档案，大力推进干部交流，加大对不适宜担任现职干部的调整力度，着力整治“为官不为”等问题，推动干部“能上能下”。强化党组织领导和把关作用，实行任前审查核实，做到干部“凡提四必”，对政治上不合格的要“一票否决”，把廉洁作为底线要求，有问题的坚决不用。严肃查处说情打招呼、拉票贿选、买官卖官、跑官要官等行为，建立健全信件、电话、网络、短信“四位一体”的“12380”综合举报受理平台，结合巡视开展选人用人专项检查，以用人环境的风清气正促进政治生态的山清水秀。加强干部的教育管理监督，严格落实领导干部报告个人有关事项等制度，加大提醒函询诫勉力度，用好监督执纪“四种形态”，拧紧干部监督管理的螺丝扣。[②]

---

① 《习近平新时代中国特色社会主义思想三十讲》，学习出版社2018年版，第316页。

② 《选择——十八大以来党的创新理论》，中共中央学校出版社2017年版，第208页。

新时代中国特色社会主义伟大事业对各级领导干部的专业能力和专业素质提出了新考验新要求，承载千钧重托不仅政治上要坚强，业务上要全面，更要有良好的群众基础和勇于担当的责任意识。在庆祝中国共产党成立 95 周年大会上，习近平总书记深刻指出："各级领导干部要加快知识更新、加强实践锻炼，使专业素养和工作能力跟上时代节拍，避免少知而迷、无知而乱，努力成为做好工作的行家里手。"[①] 在中国共产党第十九次全国代表大会上，他特别强调："注重培养专业能力、专业精神，增强干部队伍适应新时代中国特色社会主义发展要求的能力。"[②] 在 2018 年 7 月召开的全国组织工作会议上，他提出要求："要沉下心来干工作，心无旁骛钻业务，干一行、爱一行、精一行。"[③] 这一系列重要论述，为培养新时代高素质干部队伍指明了方向。成为工作上的行家里手，既是新时代党的领袖对各级领导干部专业能力和专业素质提出的具体要求，也是各级领导干部在建设中国特色社会主义中应具备的能力素质。党的干部分布在各条战线、各个领域、各种岗位上，而各行各业都需要本行业所特有的知识和人才。只

① 习近平：《在庆祝中国共产党成立 95 周年大会上的讲话》，《人民日报》，2016 年 7 月 2 日第 2 版。

② 习近平：《决胜全面建成小康社会 夺取新时代中国特色社会主义伟大胜利》，《人民日报》，2017 年 10 月 28 日第 5 版。

③ 姜洁：《习近平在全国组织工作会议上强调 切实贯彻落实新时代党的组织路线 全党努力把党建设得更加坚强有力》，《人民日报》，2018 年 7 月 5 日第 1 版。

有具备了必要的专业知识，党的干部才能在所辖领域的领导工作中，创造性地贯彻执行党的路线方针政策，才能推动中国特色社会主义事业蓬勃发展。这就要求各级领导干部必须弘扬专业精神，自觉加快知识更新，尽快补齐能力短板、素质短板、方法短板，解决好不适应、不会为、不善为的问题，做到“既要政治过硬，也要本领高强。”①

全面提高执政水平

中华人民共和国成立以来，中国共产党团结带领全国各族人民用短短几十年的时间走完西方国家上百年走过的发展历程，成功将一个贫穷落后的人口大国建设成为世界第二大经济体的新兴强国，进入中上等收入国家行列，迎接从站起来到富起来再到强起来的伟大飞跃。取得如此重大成就，是一个世界奇迹，足以证明我们党具有强大的执政能力和高超的执政本领。

习近平总书记在中央党校建校 80 周年庆祝大会上深刻指出：“从总体上看，与今天我们党和国家事业发展的要求相比，我们的本领有适应的一面，也有不适应的一面。特别是随着形势和任务不断发展，我们适应的一面正在下降，不适应的一面正在上升。如果不抓紧增强本领，久而久之，我们就难以胜任领导改革开放

① 习近平：《决胜全面建成小康社会 夺取新时代中国特色社会主义伟大胜利》，《人民日报》，2017 年 10 月 28 日第 5 版。

和社会主义现代化建设的繁重任务。”[①] 这说明，执政能力和执政本领不是一劳永逸的，而是一个需要不断发展、不断提高的永恒课题，特别是在当前经济全球化、信息网络化、利益多元化的新时代，面对世情、国情、党情的新变化新要求，只有坚持党的领导，不断增强党的执政能力和执政本领，提高党领导经济社会发展的科学化、法治化、专业化水平，推进国家治理体系和治理能力现代化，才能为完成新的历史任务提供坚强的政治保证，才能夺取全面建成小康社会决胜阶段的伟大胜利，才能实现中华民族伟大复兴的“中国梦”。

注重增强学习本领。习近平总书记在主持十九届中共中央政治局第一次集体学习时强调：“领导干部不仅要有担当的宽肩膀，还得有成事的真本领。”[②] 这个真本领不是天生的，是要通过学习和实践来获得的，作为执政党，只有拥有高强的学习本领，才能带领国家走向繁荣富强。早在延安时期，我们党就产生了“本领恐慌”的危机感，通过不断地努力学习、增强本领，才成功克服了前进道路上的种种艰难险阻，确保始终肩负起振兴中华的伟大历史使命。党的十八大提出建设学习型、服务型、创新型的马克

① 习近平：《在中央党校建校80周年庆祝大会暨2013年春季学期开学典礼上的讲话》，《人民日报》，2013年3月3日第2版。

② 《习近平在中共中央政治局第一次集体学习时强调，切实学懂弄通做实党的十九大精神 努力在新时代开启新征程续写新篇章》，《人民日报》，2017年10月29日第2版。

思主义执政党，党的十九大要求全面增强执政本领，并把学习本领放在八个本领之首，其重要程度可见一斑。增强学习本领，当前最紧要的就是学习习近平新时代中国特色社会主义思想，强化“四个意识”、坚定“四个自信”，积极主动向中央的精神学习、向基层的丰富实践学习，在全党大兴学习之风，依靠学习走向未来。

注重增强政治领导本领。毛泽东指出：“政治是统帅、是灵魂。”政治领导本领不是抽象的、空洞的，是把握大势、指明方向、统率全局的能力，是事关政治立场、政治方向、政治原则、政治道路的根本性问题，是最核心的、最根本的领导本领。我国是一个人口众多、经济体量庞大、区域差异明显、深处社会转型关键期的社会主义大国，对于中国共产党执政是极大的考验。这就要求我们党具备极高的政治领导本领，要能够在全社会统一思想、形成共识，避免导致“一盘散沙”的混乱格局，在发挥各地主动积极性的同时把握社会发展的大方向和基调不变不乱。党的十九大明确指出“坚持战略思维、创新思维、辩证思维、法治思维、底线思维，科学制定和坚决执行党的路线方针政策，把党总揽全局、协调各方落到实处”，并从树立科学思维、制定和执行党的路线方针政策和确保党的领导核心作用落到实处三个方面提出了具体要求，为我们增强政治领导本领提供了根本遵循。

注重增强改革创新本领。习近平总书记强调，“唯改革者进，唯创新者强，唯改革创新者胜”。40 多年来的改革开放史，就是一部以改革创新、把握机遇为主题的生动历史，它强烈昭示着，改革创新才是在建设中国特色社会主义伟大进程中破解难题、开拓新局的根本途径。改革创新，目的是改掉旧的、不合理的部分，使其更合理完善，并开创新的事物。在党的建设具体实践中，改革创新意味着既坚持党的优良传统，又从新的实际出发，不断推进实践创新、理论创新、制度创新，使党的建设不断适应党的事业的发展要求，永葆党的生机活力。当前，我国深化改革已进入深水区、攻坚期，我们要始终保持锐意进取、敢为人先、上下求索、追求卓越的昂扬精神风貌，自觉从那些不合时宜的观念、做法和体制的束缚中解脱出来，主动用新思维新理念新举措解决新矛盾新问题，在击楫中流、攻坚破难中奋力书写新时代实现中华民族伟大复兴的中国梦的华美篇章。

注重增强科学发展本领。党的十九大报告指出：“我国经济已由高速增长阶段转向高质量发展阶段，正处在转变发展方式、优化经济结构、转换增长动力的攻关期。”[①] 准确把握发展思路、发展方向和着力重点，关键要靠科学发展。党的十八大以来，面对复杂变化的国内外形势，以习近平同志为核心的党中央从经济发展长周期和全球政治经济大背景出发，做出我国经济发展进入新常态的重大战略判断，提出“创新、协调、绿色、开放、共享”的新发展理念，强调用新发展理念引领发展行动。新发展理念符

① 习近平：《决胜全面建成小康社会 夺取新时代中国特色社会主义伟大胜利》，《人民日报》，2017 年 10 月 28 日第 3 版。

合我国国情，顺应时代要求，在理论和实践上有新的突破，对解决发展难题、增强发展动力、厚植发展优势具有重大指导意义。科学发展本领，归根结底是用新的发展理念实现更好更快的发展，最终体现为破解发展难题的能力和本领。各级党员干部要坚定贯彻新发展理念，通过创新发展解决发展动力问题，通过协调发展解决发展不平衡问题，通过绿色发展解决人与自然和谐问题，通过开放发展解决发展内外联动问题，通过共享发展解决社会公平正义问题，不断开创发展新局面。①

注重增强依法执政本领。全面依法治国是协调推进“四个全面”战略布局的重要组成部分，是中国特色社会主义的本质要求和重要保障，是国家治理体系和治理能力建设的一场深刻变革。依法执政是我们党治国理政的基本方式，要求必须坚持党领导立法、保证执法、支持司法、带头守法。习近平总书记强调：“领导干部要把对法治的尊崇、对法律的敬畏转化成思维方式和行为方式，做到在法治之下、而不是法治之外、更不是法治之上想问题、作决策、办事情。”②每个领导干部都要牢固树立宪法法律至上、法律面前人人平等、权由法定、权依法使等基本法治观念，提高运用法治思维和法治方式深化改革、推动发展、化解矛盾、维护稳

① 四川日报评论员：《保持定力 增强科学发展本领》，《四川日报》，2018年1月4日第6版。

② 《领导干部要做尊法学法守法用法典范 带动全党全国共同全面推进依法治国》，《人民日报》，2015年2月3日第1版。

定能力。[①]

注重增强群众工作本领。党的群众路线是党的根本政治路线和组织路线，是党的一切工作的生命线。习近平总书记在谈及党的政治建设时，曾指出："要站稳人民立场，贯彻党的群众路线，同人民想在一起、干在一起，坚决反对'四风'，特别是形式主义、官僚主义，始终保持党同人民群众的血肉联系。"[②] 新时代，中国共产党要凝聚起同心共筑中国梦的磅礴力量，团结带领全国各族人民实现中华民族的伟大复兴，必须始终坚持以人民为中心，不断增强群众工作本领。我们要从政治的高度深刻认识密切联系群众的重要性，牢记全心全意为人民服务的宗旨，不忘为人民谋幸福的初心使命，始终把党的各项工作的出发点和落脚点放在实现好、维护好、发展好最广大人民群众的根本利益上，真正急群众之所急、想群众之所想，积极倾听群众呼声、汲取群众智慧、回应群众关切、接受群众监督，不断在为人民服务的具体实践中提高做群众工作的能力水平。

注重增强狠抓落实本领。马克思有名名言："一个行动胜过一打纲领。"反对高谈阔论，强调真抓实干，始终是中国共产党

---

① 《习近平新时代中国特色社会主义思想三十讲》，学习出版社 2018 年版，第 193 页。

② 习近平：《习近平在中共中央政治局第六次集体学习时强调：把党的政治建设作为党的根本性建设 为党不断从胜利走向胜利提供重要保证》，《人民日报》，2018 年 7 月 1 日第 1 版。

的优良传统。我国改革开放40多年来的辉煌成就，是广大干部群众干出来的；实现新时代的宏伟目标，也必须依靠苦干实干。习近平总书记也反复强调，空谈误国，实干兴邦。狠抓落实本领是我们党政治路线、思想路线和群众路线的根本要求，也是领导干部的基本功。只有狠抓落实，党和国家制定的路线、方针、政策才能贯彻到基层、贯彻到群众、贯彻到实际，各项事业才能蓬勃发展，党团结带领人民群众创造美好生活的愿景才能成为现实。因此，我们要充分发扬蚂蚁啃骨头和钉钉子精神，坚持察实情、说实话、办实事、求实效，以踏石留印、抓铁有痕的劲头将各项工作落到实处，确保党制定的各项目标任务务期必成。

注重增强驾驭风险本领。党的十九大报告提出，要坚决打好防范化解重大风险、精准脱贫、污染防治的攻坚战。把防范化解重大风险放在三大攻坚战之首，足见在当前和今后一个时期增强驾驭风险本领的极端重要性。2018年12月19日至21日召开的中央经济工作会议指出：“我国发展仍处于并将长期处于重要战略机遇期。世界面临百年未有之大变局，变局中危和机同生并存，这给中华民族伟大复兴带来重大机遇。”[①] 未来展现出的前景十分光明，但挑战也十分严峻，特别是风险高发、频发是我们在社会转型发展过程中必然要面对的大难题。从长远看，缺乏风险意识

---

① 《中央经济工作会议在北京举行 习近平李克强作重要讲话 栗战书汪洋王沪宁赵乐际韩正出席会议》，《人民日报》，2018年12月22日第1版。

就是最大的风险，始终增强忧患意识是提高驾驭风险能力最重要的前提。这就要求我们在分析国际国内形势、做出决策决断时，既要看到成绩和机遇，也要看到形势发展变化给我们带来的风险，做到从最坏处着眼，做最充分的准备，朝最好的方向努力，争取最好的结果。[①] 只有积极主动、未雨绸缪，见微知著、防微杜渐，才能心中有数、处变不惊，有效应对任何形式的风险挑战。

俗话说，水涨才能船高。各级干部执政水平的提高，源于以上九个本领的增强。新的时代、新的形势、新的任务、新的追求。我们要跟上时代的脚步，适应实现“两个一百年”奋斗目标和伟大中国梦的要求。党的各级领导干部一定要有学习“充电”的紧迫感，要有拜人民为师的自觉性，要勇于担当，有一流的雄心壮志和甩开膀子、脚踏实地的实干精神。逆水引舟，不进则退。

---

① 贺姗姗：《增强驾驭风险的本领》，《宁夏日报》，2017 年 12 月 25 日。

十、中国共产党为什么能得到众多国家的尊重与支持

2021 年，中国共产党即将迎来 100 岁生日。百年来，她从一个只有五十多人的党组织发展到当今世界第一大党，她带领全党全国各族人民把中国从备受欺凌的旧时代走上了自信自强的新时代，实现了国家富强、人民幸福、社会安定。在实现解决自身问题、实现跨越式发展的同时，中国主张建立更加公正合理的国际政治经济新秩序，积极发展与世界各国的友好合作关系，赢得了国际上的普遍尊重与支持。

“解决十三亿人的吃饭问题”

五千多年来，吃饭问题始终困扰着中国历朝历代的百姓和官员。从中国历史上第一次大规模的农民起义——陈胜吴广起义，到清朝末年的太平天国运动，两千多年间，大大小小的起义不计其数，一个重要原因是百姓连填饱肚子的基本需求都满足不了，在生活难以为继的情况下揭竿而起，希望通过革命造反改变自身

命运。“仓廪实而知礼节，衣食足而知荣辱”，吃饭问题是人的基本生理需求，是人参与社会活动的前提条件。“五谷者，万民之命，国之重宝”。粮食生产是安民心、稳民心的战略产业，稳定粮食生产，让百姓有饭吃，在历朝历代统治阶级看来，都是关乎政权稳固的大问题。

1949年中华人民共和国成立时，美国国务卿艾奇逊曾预言：中国人口众多，历代政府包括国民党政府都没有解决中国人的吃饭问题，这是他们失败的原因。同样，共产党政权也解决不了中国人的吃饭问题，它必然会因此而垮台。艾奇逊的话只说对了一半，即吃饭问题向来是中国的老大难问题，历史上任何政府都没能解决好它。从1931年到1949年，长江发生水灾11次，灾民1亿多，死亡人数难以计数。中华人民共和国成立前，黄河基本上每年都要发生决口泛滥，1933年一年决口达62处，受灾人口300多万。1938年，为阻挡日军向西进犯，蒋介石下令在郑州花园口炸开黄河大堤，企图“以水代兵”迟滞日军，结果造成豫、皖、苏3省44个县被淹，390多万人背井离乡，89万群众淹死饿死。1942年河南爆发大饥荒，“水旱蝗汤”四大灾害困扰中原，加之国民政府催收军粮，高官地主囤积居奇，造成中原地区100余县民不聊生，约300万人饿死，300多万人西出潼关逃荒，河南省人口急剧减半，电影《一九四二》对此段历史进行了生动再现。

中华人民共和国成立后，中国共产党能否解决人民群众吃饭问题，引起了全世界的关注。因为在这块重获新生的土地上，人口众多，一穷二白，内忧外患严重。中国共产党意识到了自己的历史责任，面对这份沉甸甸的历史问卷，党意识到必须尽快解决好人民基本生活需要的问题。毛泽东主席指出："要把衣、食、住、用、行五个字安排好，这是六亿五千万人民安定不安定的问题。"为此，党带领全国人民克服重重困难，利用国内外有利条件，迅速恢复工农业生产，坚持走社会主义工业化的道路，完成社会主义"三大改造"，使社会主义公有制经济逐步确立起来，初步解决了涉及国计民生的一系列重大问题。

1956年，社会主义改造基本完成，社会主义公有制经济在整个国民经济中确立了主体地位。随着建设事业的进展，广大人民群众的物质、文化生活水平逐步提高。全国总人口从1949年的5.4167亿增长到1976年的9.3717亿。同期粮食的人均占有量从418市斤增加到615市斤。这就是说，全国总人口增加了近4亿人，增产的粮食不仅多养活了这4亿人，而且还在总人口大大增加的情况下使人均粮食占有量增加了近200斤。这确实又是一个了不起的成就。①

农业经济的发展成就与农业合作化运动密不可分。通过走合作化道路，使农业能够由分散的个体经济变为集体经济，有利于迅速恢复和提高农业生产，这符合过渡时期历史发展的特点。农

---

① 沙健孙：《毛泽东与中国共产党历史上的三件大事》，中国共产党新闻网，http://www.cpc.people.com.cn

业合作化便于集中人力物力兴修农田、水库、林场，尤其是对大江大河的整治，为后期农业经济的发展奠定了坚实基础。同时，农业合作化满足了工业化对农产品、资金和市场的需要，保证了工业化的顺利推进。但是，随着经济社会的发展，农业合作化单一的分配方式制约了生产力的提高，农民参与生产的积极性不高。为打破这一局面，提高农业生产效率，改善人民群众生产生活，党中央对是否开展“包产到户”进行了充分研究论证。

1978 年 11 月 24 日晚上，安徽省凤阳县凤梨公社小岗村 18 位村民立下了“包产到户”的生死状，开创了家庭联产承包责任制的先河，可以说是一个勇敢的壮举，1979 年小岗村农业大获丰收，这件事也被作为改革开放的一个重要开端写入历史。1980 年 6 月 28 日，新华社记者沈祖润、王礼贶报道：“实行‘大包干’生产责任制的安徽省凤阳县，今年夏粮获得丰收。全县粮食总产量达到2亿斤，比实行‘大包干’第一年的去年增产一成，比没有实行‘大包干’的正常年景 1977 年的总和增加一倍。”[①] 这一伟大的尝试带来的是生产力的巨大解放，但 1980 年以前没有被公开报道，是因为当时对联产责任制的争议很大，有关批评之声时常见诸报端。当邓小平同志获悉安徽肥西县和凤阳县的成功做法后，公开给予了肯定和支持。两年后的 1982 年，我党历史上首次关于农村工作

① 沈祖润：《“小岗大包干”是如何被新华社记者发现的》，《新华每日电讯》，2018 年 4 月 13 日第 9 版。

的一号文件出台，明确了包产到户、包干到户都是社会主义集体经济的生产责任制，从党的指导理论上肯定了家庭联产承包责任制，此后，党和政府对这一制度进行了不断的巩固和完善，扩大了农民承包范围，进一步提高了农民的生产积极性和农村的社会生产力，广大农村迅速摘掉了贫困落后的帽子，不仅解决了吃饱饭的问题，还使农民的收入得到了持续增加。在纪念改革开放 40 周年纪念大会上，农村改革的先行者，小岗村“大包干”带头人被评为“改革先锋”，这表明党和政府对农村改革创新的再一次高度肯定。正如习近平总书记在大会上讲到的：艰难困苦，玉汝于成。40 年来，我们解放思想、实事求是，大胆地试、勇敢地改，干出了一片新天地。①

2004 年 12 月 14 日，联合国世界粮食计划署宣布，从 2005 年底开始，停止向中国提供粮食援助。粮食计划署执行干事莫里斯表示，做出这样的决定经过了充分的论证，因为中国已经实现了粮食自给自足，并且有能力向其他缺粮国家提供援助。世界粮食计划署从 1979 年起向我国提供粮食援助，并帮助我国贫困地区进行基础设施建设，与此同时，党和政府积极开展扶贫脱贫工作，贫困人口大大减少，这一成就得到了国际社会的一致赞扬。停止对我国的粮食援助，是联合国在综合分析各项指标的基础上决定

① 习近平：《在庆祝改革开放 40 周年大会上的讲话》，人民出版社 2018 年版，第 9 页。

的，这一举措也表明了中国政府已完全有能力消除贫困，同时中国也向世界提供了一个消除贫困的有益借鉴。

解决人民群众的吃饭问题，最终还是靠我国人民自己的努力。没有联产承包责任制，很难想象在广大的农村地区能够释放出如此巨大的生产效能；没有党和政府对农村问题的高度重视，很难想象广大的农村地区能够发生翻天覆地的变化。截至 2018 年，关于农村问题的“中央一号文件”一共发布了 20 次，其中新世纪以来连续颁布了 15 次，这体现出中共中央对“三农”问题的高度重视，体现出“三农”问题在社会主义现代化建设中举足轻重的地位。2006 年 2 月 22 日，国家邮政局发行了一张面值 80 分的纪念邮票，名字叫作《全面取消农业税》，以庆祝从 2006 年 1 月 1 日起废止《中华人民共和国农业税条例》。这意味着在我国农村沿袭两千多年的传统税收终结，它减少了农民的负担，标志着“工业反哺农业”的开始。目前，我国涉及农业生产的补贴种类很多，只要参与粮食种植，就能获得相应的补助，此外，农民在购买大型农机具、农田灌溉等各个方面都能享受到政策补贴，这在我国历史上是前所未有的。

党的十八大以来，农业农村经济稳中向好、稳中向新，成为整个经济社会转型发展的“压舱石”。粮食连年丰收，产能稳定，肉、禽、蛋、奶、水产品供给充足，百姓舌尖上的安全得到有效保障，“化肥农药零增长”行动成绩突出，全国化肥使用量实现零增长，农民持续增收，人均年收入迈入万元台阶，农村新业态蓬勃发展，广大农村地区蕴藏着巨大活力。

2017年12月14日，国务院公布了《第三次全国农业普查主要数据公报（第一号）》，数据显示，10年来尤其是党的十八大以来，我国“三农”基本情况发生了重大积极变化。截至2016年底，全国共有204万个农业经营单位，20743万农业经营户，从事农业生产经营人员31422万。全国拖拉机总量达2690万台，有513万台耕整机，825万台旋耕机，652万台播种机，68万台水稻插秧机，114万台联合收获机，1031万台机动脱粒机，农业生产的机械化程度在大部分地区基本得以实现。在全国乡镇里面，8.6%的有火车站，7.7%的有码头，21.5%的有高速公路出入口，99.3%的村通公路，有公园及休闲健身广场的乡镇占总数的70.6%，有乡级医疗卫生机构的接近100%，有社会福利收养性单位的占66.8%，81.9%的村有卫生室。[①] 改革开放40多年来，广大农村地区的生产生活方式得以根本改变，在农村人口比例持续降低的同时，农业机械化程度逐年提升，农村基础设施不断完善，基本公共服务更加配套，农民生活条件稳步提高。

党的十九大报告指出，农业农村农民问题是关系国计民生的根本性问题，必须始终把解决好“三农”问题作为全党工作重中之重。[②] 2018年1月2日，《中共中央国务院关于实施乡村振

① 数据来自国家统计局网站，http://www.stats.gov.cn

② 习近平：《决胜全面建成小康社会 夺取新时代中国特色社会主义伟大胜利》，《人民日报》，2017年10月28日第3版。

兴战略的意见》（以下简称《意见》）发布，这是贯彻落实党的十九大精神的重大决策部署，对加快推进农业农村现代化，实现全面建成小康社会意义重大。《意见》明确了坚持党管农村工作、坚持农业农村优先发展、坚持农民主体地位、坚持乡村全面振兴、坚持城乡融合发展、坚持人与自然和谐共生、坚持因地制宜循序渐进7项原则，围绕“提升农业发展质量，培育乡村发展新动能”“推动乡村绿色发展，打造人与自然和谐共生发展新格局”等9个方面制定了具体的目标和措施，体现了党中央、中央政府对抓好三农问题的高度重视，必将对农村的现代化建设产生深远影响。只要我们按照中央的部署扎扎实实推进，乡村振兴一定能取得决定性进展，农业农村现代化就一定能够实现。

习近平总书记指出，只要粮食不出大问题，中国的事就稳得住。粮食安全既是经济问题，也是政治问题，是国家发展的“定海神针”。因为粮食事关国计民生，粮食供给如果出现问题，必将受制于人，造成严重的政治经济后果。我们必须牢记历史教训，绝不能在吃饭问题上掉以轻心，必须确保“饭碗端在自己手里”。从这个层面看，我们就不难理解为什么党中央反复强调要确保粮食安全的重要性了。2017年6月30日至7月2日，全国粮食流通改革发展座谈会在银川举行，国家粮食局和物资储备局局长张务锋在会上表示，将持续强化粮食安全省长责任制考核。[①] 党和政府高度重视

① 摘自国家粮食和物资储备局网站，http://www.chinagrain.gov.cn

粮食安全问题，体现的是底线思维和责任担当，解决好这一问题，才能为脱贫攻坚战、发展转型攻坚战打下坚实基础。改革开放40多年来，我国累计有7亿多人脱贫，吃不饱穿不暖已成为历史；党的十八大以来，在党的正确领导下，又有6000多万人脱贫，贫困发生率下降到4%以下，在世界上广受赞誉。联合国粮农组织减贫项目官员安娜·坎波斯表示，“中国在减贫领域取得巨大成果是因为政府始终把扶贫工作摆在重要位置，并且在扶贫方面有清晰的目标，中国在减贫领域为其他国家树立了榜样。”[①]

加入WTO，与世界接轨

1994年4月15日，在摩洛哥的马拉喀什市举行的关贸总协定乌拉圭回合部长会议，决定成立更具全球性的世界贸易组织（world trade organization），英文简称WTO，以取代成立于1947年的关贸总协定。1995年1月1日，世界贸易组织正式运行，主要负责管理世界经济和贸易秩序，其基本原则是通过市场开放、非歧视和公平贸易等原则，实现世界贸易自由化的目标。这一国际性组织之所以被称为“经济联合国”，是因为它是当今世界上最重要的多边贸易组织，其年度贸易额占全球贸易总额的97%以上。换句话说，世界上任何一个国家，如果想通过国际贸易获得自身长期

---

① 张梦旭、任彦等：《中国减贫之路“优质高效”》，《人民日报》，2018年2月1日第3版。

发展，都离不开在世界贸易组织的框架内与他国进行谈判和协商。对于中国这样一个发展中大国来说，加入 WTO 不仅可以充分参与国际分工，还可以学习国际先进生产技术、学习现代企业管理经验，这对发展中国特色社会主义市场经济来说是非常有利的。

闭关锁国必然导致落后，而落后必然被动挨打。积极加入 WTO，是中国共产党基于对历史的清醒认识和对国际大势的深刻把握，也是对“一个中心、两个基本点”的贯彻。对于坚定不移走改革开放之路的我国来说，长期游离于世界贸易组织之外，就难以融入主流，不仅会增加许多贸易成本，对国家发展来说也是极为不利的。因为没有发言权，就不能有效争取自身正当权益，就难以改变经济霸权的世界格局。虽然在入世前我们进行了 20 多年的改革开放，经济社会建设成果显著，但对于国际贸易这个俱乐部来说，仍然是一个局外人。因为这 20 多年的改革开放基本上是政府主导型的、政策性的对外开放，在经济体制上并没有和国际接轨。加入 WTO，可以倒逼国内企业和政府部门深化改革，以便更好地适应市场主导型的、体制性的对外开放。此外，我国有自身的国情，那就是有多达数亿的农村剩余劳动力，在人均耕地少、就业机会少的情况下，要想把人口优势转化为生产优势，必然要求生产力的提高和生产方式的转变。搭上 WTO 这辆国际列车后，能使国内生产要素在部门、产业、地区进行优化组合，不仅可以解决好国内就业的问题，还可以使我国的产品走出国门，为国民经济增长提供更多来源。

2001 年 12 月 11 日是具有里程碑意义的一天，经过多年艰苦的谈判，我国终于在这一天加入了 WTO。之后，我国对外贸易的持续快速增长，产生了积极的效应：对外出口不断增大，扩大了国内就业市场；出口商品类型不断优化，不断由“中国制造”向“中国智造”转变；国家经济实力逐年提升，国际影响力更强；人民收入不断提升，实现了从温饱向小康的历史性转变……根据国家统计局相关数据显示，1978 年，中国的 GDP 仅为 3678.7 亿元人民币，人均 GDP 为 385 元人民币；2000 年，中国的 GDP 达到 100280.1 亿元人民币，人均 GDP 为 7942 元人民币，GDP 增长率达到 8.5%。2017 年，中国国内生产总值达到 820754.3 亿元，是 2000 年的 8.18 倍，是 1978 年的 223.11 倍，人均 GDP 为 59201 元人民币，是 2000 年的 7.45 倍，是 1978 年的 153.77 倍，GDP 增速为 6.8%，对全球经济增长的贡献率超过 30%。[①] 目前，我国经济总量位居世界第二，仅次于美国，在与美国差距不断缩小的同时，与第三名日本的差距在不断拉大。我国作为全球经济体的重要一员，经济快速发展对全球经济提供了重要的稳定作用，也极大地促进了世界经济的发展。2008 年金融危机爆发后，我国对世界经济摆脱困境恢复活力发挥了关键性作用。我国经济建设的贡献不仅使国家实力得到了巨大提升，同时对全球经济发展的贡献也得到了世界各国的认可，我国已成为各国公认的“世界经济稳定之源”。

---

① 数据来自国家统计局网站，www.stats.gov.cn

随着经济体量的增大，综合实力的增强，我国企业走出去的步伐明显加快，在国际上的影响力不断增强。一些西方国家企图遏制中国的发展，在给予中国完全市场经济地位问题上设置障碍，尤其是美国，把我国作为重要的对手，企图以封锁、制裁等手段打击我国向强国迈进的信心。2018 年以来，中美贸易战硝烟四起，主动挑起贸易争端的是美国。当“中国制造 2025 计划”提出以后，美国认为我国的发展对其构成威胁，采取各种手段遏制中国的发展，以维持其“一超独大”的战略优势。从美国列出的“301”调查清单中不难看出，其重点打击的目标涉及航空航天、信息和通信技术、机器人和机械等行业，而这些行业正是高精尖制造业。这反映出我国的技术追赶引起了美国的情绪恐慌，在这种恐慌情绪指引下，美国对华贸易政策不断收紧，企图在限制高新技术产品对华出口基础上，重点打压我国高新技术产品制造，迟滞我国的发展计划。当前，在美国决策层有一种观点，即“让中国入世是一个错误，中国离市场经济越走越远”。实际上，这种观点带有明显的保护主义、单边主义色彩。真正、合理的市场经济应该是市场在资源配置中起决定性作用、适合各自国情的经济体制，不是以个别国家的标准强迫他国就范的经济体制。

面对美国咄咄逼人的遏制政策，党和政府展开了有理有节的抗争，坚持在国际贸易规则框架下开展谈判，表达合作共赢的诚意；坚持贸易对等原则，针锋相对给予回击。同时，积极盘活国内市场，增强国内需求；实施“一带一路”和自贸区战略，为扩大对外经贸关系创造有利条件。正如习近平总书记在2019年新年贺词中所讲："放眼全球，我们正面临百年未有之大变局。无论国际风云如何变幻，中国维护国家主权和安全的信心和决心不会变，中国维护世界和平、促进共同发展的诚意和善意不会变。我们将积极推动共建'一带一路'，继续推动构建人类命运共同体，为建设一个更加繁荣美好的世界而不懈努力。"①

在加入世贸组织的十几年里，我国已经从原来自由贸易规则的学习者、追随者，变成了一个自由贸易规则改革的推动者和倡导者。我国参与全球治理的意志是坚定的，中国作为最大的发展中国家，推动世界经济秩序改革发展，有利于维护广大发展中国家的利益。我国推动WTO规则改革，体现出发展中国家不断提升的话语权。虽然逆全球化可能在某些地区某些国家时有发生，但在全球一体化的大趋势下，由于我国的大力倡导，贸易自由化的趋势将会继续保持下去，而且我国向世界承诺的对外开放程度和水平也会更高，这种包容、自信的态度有利于我国和世界大多数国家建立密切友好的合作关系。我国历来坚持平等互利的原则，坚持稳健的贸易政策，在国际贸易中反对"贸易讹诈"行为，这得到了世界上绝大多数国家的认可。2017年我国经济对世界经济增长的贡献率已经超过了30%，我国经济的高速增长，已成为世

① 《国家主席习近平发表二〇一九年新年贺词》，《人民日报》，2019年1月1日第1版。

界经济发展的一支重要引擎，越来越多的国家把中国的发展视为携手合作的机遇。入世以来，我国不断降低关税水平，关税已从15.3%下降到9.8%，我国不断开放市场，降低制造业准入限制，扩大外商独资比例，增设国内自由贸易区，不断提高服务业开放范围，充分展现了我国深化改革开放的决心和信心。

习近平总书记在2019年新年贺词中指出："世界看到了改革开放的中国加速度，看到了将改革开放进行到底的中国决心。"[①]我国坚定支持贸易自由化和经济全球化，坚持致力于全球贸易和世界经济增长。2018年11月，首届中国国际进口博览会在国家会展中心（上海）举办，来自172个国家的超过3600家企业参加了展览会，中外企业在互利共赢基础上签署了一揽子合作协议，这表明了我国深化改革开放的举措得到了世界的欢迎，我国与世界各国的合作在不断深化。我国将采取更加开放的姿态，在不断开拓全球市场的同时，积极欢迎外国的企业和商品走进来，推动国际经贸合作向更高层次发展。正如进博会主题"新时代，共享未来"一样，我国在国际贸易中倡导的是团结与合作，而不是冲突与对抗。我国坚定不移履行自由开放的全球贸易承诺，这对动辄制裁他国，时常挥舞大棒的一些国家来说，是一个有力的反驳。2019年1月，在世界达沃斯论坛上，国际经济学家对中美两大经

① 《国家主席习近平发表二〇一九年新年贺词》，《人民日报》，2019年1月1日第1版。

济体之间的贸易摩擦尤为关注，他们普遍认为遏制政策只会破坏全球经济，只有多边合作机制才能共创未来，我国作为国际贸易秩序的捍卫者是值得尊重的。1 月 25 日，《华盛顿邮报》专栏作家塔鲁尔（Tharoor）在该报发表的一篇题为《达沃斯一课：中国来了》文章中提到："在这次的达沃斯论坛上，中国并非是某些人所说的'妖魔'，更像是一个机遇。若不参考中国的构想或实践，在有关贸易、气候变化或新技术的任何重大对话似乎都不值得展开。"英国皇家联合研究所所长海蓓说："我们必须要找到与中国合作的途径。"① 党和政府坚持构建合作共赢、包容开放的国际贸易新格局，让全世界看到了我们的诚意和自信。对于中国方案，国际上越来越多的国家更愿意视之为建设性的、可供借鉴的，这为我国与各国扩大对话、共谋发展提供了良好平台。

推动"一带一路"建设，架起中国与世界沟通的桥梁

推进"一带一路"建设，是党中央和习近平总书记主动适应国际格局深刻变化和我国发展面临的新形势新任务新要求，围绕深化对外开放与国际合作做出的重大决策。2013 年 9 月，习近平总书记在哈萨克斯坦纳扎尔巴耶夫大学发表演讲的时候，提出了

① 张晨静：《在雪压冬云的达沃斯 中国最平静从容》，观察者网，https://www.guancha.cn/lnternation/2019-01-26-488294.shtml

用创新的合作模式，共同建设共享和平、共同发展的“丝绸之路经济带”的倡议。2013年10月，习近平访问印度尼西亚，在印度尼西亚国会发表重要演讲的时候，又明确提出中国要与东盟国家加强海上合作，共同建设21世纪“海上丝绸之路”的战略构想（以下简称“一带一路”）。2015年3月，国家发展改革委、外交部和商务部联合发布文件《推动共建丝绸之路经济带和21世纪海上丝绸之路的愿景与行动》，其中明确了“一带一路”所覆盖的地理范围，21世纪海上丝绸之路重点方向等。倡议从提出到持续深化、稳步落实，一直体现出开放、合作、共赢的精神内涵。[①]

习近平总书记在党的十九大报告中明确提出：“开放带来进步，封闭必然落后。中国开放的大门不会关闭，只会越开越大。要以‘一带一路’建设为重点，坚持引进来和走出去并重，遵循共商共建共享原则，加强创新能力开放合作，形成陆海内外联动、东西双向互济的开放格局。拓展对外贸易，培育贸易新业态新模式，推进贸易强国建设。”[②]我国提出并号召世界共商、共建、共享的“一带一路”倡议，在世界上积极打造对话而不对抗、结伴而不结盟的伙伴关系，是持续推动中国崛起的极为重大的发展方略，也将成为21世纪主导经济全球化的全球发展战略。建立以合作共赢为核心的新型国际关系，建设人类命运共同体，已经成为国际

① 《“一带一路”案例实践与风险防范》文化篇，海洋出版社2017年版，第1页。

② 习近平:《决胜全面建成小康社会 夺取新时代中国特色社会主义伟大胜利》，《人民日报》，2017年10月28日第3版。

形势的稳定锚、世界增长的发动机、和平发展的正能量、全球治理的新动力。我国不走历史上西方依靠海洋殖民扩张，建立霸权的老路，要走一条平等、真诚、普惠共赢、可持续发展的和平之路。2014 年之前，有 67 个国家和 5 个地区性国际组织与我国建立 72 对不同形式不同合作程度的经济发展伙伴关系，为我国丝绸之路外交奠定了坚实的基础。2016 年 3 月，联合国安理会通过包括推进“一带一路”倡议内容的第 S/2274 号决议，当年 11 月，联合国大会第 A/71/9 号决议首次写入“一带一路”倡议。“一带一路”倡议提出之后，获得广泛呼应，我国全球伙伴关系形成网络，得到 193 个会员国的一致赞同，体现了国际社会对推进“一带一路”倡议的普遍支持。

“一带一路”的战略构想富有创造性，是我国向全世界提供的公共产品，也是实现中华民族伟大复兴的重要实践和支撑，从而推动中华文明在世界的第二次传播。“一带一路”的提出与实践，我国超越了只谋求一国利益的局限，努力寻求南北共同发展、大中小国家共同发展、不同区域协同发展，期望形成共商共建共享的全球发展新格局，恰恰是这个时代发展的历史必然。我们看到，“构建人类命运共同体”“一带一路”等中国理念和中国主张，陆续写进联合国决议、联合国安理会决议和联合国人权理事会决议。

改造自己、影响世界，被历史学家章百家描绘为近代以来中国与世界关系的逻辑。“一带一路”倡议的提出，表明我们在主动改变，引领中国与世界的变迁。再造一个中国，再造一个世界，是“一带一路”的新主题，是中国身份从传统中国、现代中国向全球中国的演变。“一带一路”在东西方元素外，融入南北性，开创古今中外、陆海联通、东西互济的发展格局，正在打造一个“海外中国”。海外中国与本土中国，共同组成“全球中国”新身份，通过再造一个中国而再造一个世界，通过再造一个世界而再造中国，让世界走出近代、走出西方中心论，推动人类文明的共同复兴。

“一带一路”提出以来最大的亮点就是把倡议变成了实实在在的行动。第一，顶层设计初步完成，四梁八柱已经建立，通过合作研究、论坛展会、人员培训、交流访问等多种形式，促进沿线国家对共建“一带一路”内涵、目标、任务等方面的理解和认同。“一带一路”进入国际话语体系，成为国际性关键词。第二，包括蒙内铁路、雅万铁路等一大批重大项目落地。中国愿与沿线国家一道，稳步推进示范项目建设，共同确立一批能够照顾双边利益的项目，争取早日开花结果。比如，铁路方面，据《中国经济周刊》不完全统计，2014 年李克强总理已向 12 个国家表达了合作建设高铁的意愿。建成了蒙内铁路，采用中国国铁一级标准，连接肯尼亚首都内罗毕和东非第一大港蒙巴萨港，涉及金额约 38.04 亿美元。启动了中尼铁路前期工作，并建立双方政府部门间沟通协作机制。第三，“一带一路”沿线涉及 65 个国家和地区，包括东亚的蒙古，东盟 10 个国家，西亚 18 个国家，南亚 8 个国家，中亚 5 个国家，独联体 7 个国家和中东欧 16 个国家。依靠中国与有关国家既有的双多边机制，借助既有的区域合作平台，高举和平发展的旗帜，积极发展与沿线国家的经济合作伙伴关系，推动沿线各国实现经济政策协调，开展更大范围、更高水平、更深层次的区域合作，共同打造开放、包容、均衡的区域经济合作架构。第四，互联互通取得多项成果，“任督二脉”打通。[①] 互联互通项目将推动沿线各国发展战略的对接与耦合，发掘区域市场的潜力，促进投资和消费，创造需求和就业，增进沿线各国人民的人文交流与文明交往。“一带一路”是连接中国梦与世界梦的战略纽带。习近平同志强调，中国梦是和平、发展、合作、共赢的梦，与各国人民的美好梦想息息相通的梦。建设“一带一路”，是中国践行正确义利观的实际举措，既维护本国人民的根本利益，又兼顾相关国家和地区的共同利益。

“一带一路”构想是我国首次提出的重大全球经济发展倡议，为我国与世界经济发展注入了巨大的正能量。“一带一路”倡议顺应时代潮流，适应发展规律，符合各国人民利益，具有广阔前景。我们要乘势而上、顺势而为，推动“一带一路”建设行稳致远，迈向更加美好的未来。倡议唤起行动，蓝图化为现实。“一带一路”建设是一项系统工程，要坚持共商、共建、共享原则，让古丝绸之路焕发新的生机活力，以新的形式使亚非欧互利合作迈向新的

---

① 张红：《“一带一路”5岁了！》，《人民日报》（海外版），2018年8月2日第6版。

历史高度。要构建以合作共赢为核心的新型国际关系，打造对话不对抗、结伴不结盟的伙伴关系。“一带一路”沿线各国的人文交流与文明互鉴，超越社会制度、意识形态、发展水平的隔阂，增强人民互信，架起友谊与合作的桥梁。

自 2013 年习近平总书记提出倡议以来，对“一带一路”倡议响应者云集。从理念化为行动，从愿景变为现实，释放出双边、多边经济合作的巨大潜力，造福越来越多的国家和人民，为人类社会发展擘画出一条合作共赢的可持续发展之路。2013 年，我国与沿线国家贸易占我国对外贸易总额的 1/4，对沿线国家直接投资占我国对外直接投资总额的 16%。在 2014 年 5 月举办的“亚信峰会”、阿拉伯国家合作论坛，以及习近平主席 2014 年密集的国事出访中，“一带一路”构想都得到了积极的呼应。

我国坚持创新驱动发展，促进科技同产业、科技同金融深度融合，致力于建设 21 世纪的数字丝绸之路，这为互联网时代的各国青年打造创业空间、创业工场提供了良好机遇。2017 年，“一带一路”相关国家的留学生共有 31.72 万人在中国 31 个省、自治区、直辖市的 935 所高等院校学习。预计“十三五”期间，中国将吸引“一带一路”沿线国家 8500 万人次来华旅游，拉动旅游消费约 1100 亿美元。2017 年 10 月，中国共产党第十九次代表大会在北京举行。坚持正确义利观、推动构建人类命运共同体、遵循共商共建共享原则、推进“一带一路”建设等内容被写入党章。2018 年是我国改革开放 40 周年，习近平总书记在国内外多个场合强调:

“中国开放的大门永远不会关上”“中国对外开放的力度将会越来越大……”“一带一路”倡议唱响开放包容、互利共赢的主旋律，吸引各参与国在互利共赢的基础上形成命运共同体。

“一带一路”是在后金融危机时代，作为世界经济增长火车头的中国，将自身的产能优势、技术优势、资金优势、经验与模式优势转化为市场与合作优势，实行全方位开放的一大创新。2017 年，我国与“一带一路”国家进出口贸易总额达到 14403.2 亿美元，同比增长 13.4%，高于我国整体外贸增速 5.9%，占中国进出口贸易总额的 36.2%。“一带一路”是最受欢迎的国际合作舞台。2018 年 5 月 2 日，亚洲基础设施投资银行宣布批准 2 个意向成员加入，成员总数增至 86 个。截至 2018 年 6 月 30 日丝路基金已签约 21 个项目，承若投资金额超过 78 亿美元。“一带一路”是“最大规模的全球经济振兴计划”。2017 年出席“一带一路”国际合作高峰论坛的除 29 位外国元首和政府首脑外，还有多位国际组织负责人和 130 多个国家的约 1500 位各界嘉宾。2013 年至 2017 年这五年来，中国与“一带一路”沿线国家货物贸易额累计超过 5 万亿美元，中国企业在沿线国家推进建设 75 个经贸合作区，创造就业岗位 21 万个[①]。植根历史，面向未来，两千多年前，古丝绸之路开启了各国友好交往的大门，如今，“一带一路”倡议书写着人类发展进步的新篇。源自中国，世界共享，“一带一路”倡

① 《习近平铺展“一带一路”通途》，央视网，2018 年 5 月 14 日。

议承载着世界各国人民对美好生活的梦想，正转化成为发展的红利、人民的福祉。

为发展中国家提供中国方案

习近平总书记在庆祝中国共产党成立95周年大会上的讲话中指出："中国共产党人和中国人民完全有信心为人类对更好社会制度的探索提供中国方案。"作为马克思主义中国化最新成果，习近平新时代中国特色社会主义思想不仅指引中国特色社会主义道路、理论、制度、文化不断发展，而且拓展了发展中国家走向现代化的途径，为解决人类问题贡献了中国智慧、提供了中国方案。经过长期努力，中国特色社会主义进入了新时代，这是我国发展新的历史方位，意味着近代以来久经磨难的中华民族迎来了从站起来、富起来到强起来的伟大飞跃，迎来了实现中华民族伟大复兴的光明前景，给世界上那些既希望加快发展又希望保持自身独立性的国家和民族提供了全新选择。习近平同志指出，鞋子合不合脚，只有穿的人才知道，世界上没有统一的现代化道路，只有适合自己的道路，适合的就是最好的。从国情出发自主选择道路。"履不必同，期于适足；治不必同，期于利民。"走自己的路，是中国特色社会主义取得成功的重要经验。

人民当家作主是社会主义民主政治的本质特征。我国是工人阶级领导的、以工农联盟为基础的社会主义国家，国家的一切权力属于人民。党的十九大报告强调："人民是历史的创造者，是决定党和国家前途命运的根本力量。”习近平总书记强调，中国共产党领导人民实行人民民主，就是保证和支持人民当家作主。一个国家走什么样的政治发展道路，必须与这个国家的国情和性质相适应。进入新时代，我国社会主要矛盾已经转化为人民日益增长的美好生活需要和不平衡不充分的发展之间的矛盾。注意调动人民群众的积极性、主动性、创造性，汇聚人民群众的智慧与创造。不断深化社会保障制度改革，覆盖城乡的社会保障网进一步织密扎紧。走中国特色社会主义发展道路，必须坚持党的领导、人民当家作主、依法治国的有机统一。确保到2020年现行标准下农村贫困人口实现脱贫，贫困县全部摘帽，为发展中国家减少和消除贫困做出榜样。

依靠先进政党的领导力量。没有共产党，就没有新中国，就没有新中国的繁荣富强。中国共产党以全心全意为人民服务为根本宗旨，以立党为公、执政为民为执政理念，在发展问题上始终坚持发展为了人民、发展依靠人民、发展成果由人民共享。中国共产党的领导，就是支持和保证人民实现当家作主。我国社会主义现代化建设之所以能取得辉煌成就，最根本的是有中国共产党这个坚强领导核心。坚持党对一切工作的领导，发挥中国特色社会主义的最大制度优势。党不断提高党的创造力、凝聚力、战斗力，不断自我净化、自我完善、自我革新、自我提高，使党始终走在时代前列，使党永葆同人民群众的血肉联系。党的领导是具体的，不是空洞的、抽象的，必须体现到治国理政的方方面面。党中央对党和国家工作的全方位领导，涵盖了改革发展稳定、内政外交国防、治党治国治军的各个方面、各个领域。坚持党对一切工作的领导，既要政治过硬，也要本领高强。坚持党对一切工作的领导，必须充分调动广大党员干部的积极性、主动性、创造性，形成有利于党员干部奋发有为的社会环境，激励他们更好带领群众干事创业。

开放是国家繁荣发展的必由之路。我国过去 40 多年走出了一条不同于西方却更加成功的现代化之路，并取得巨大的成就。中国特色社会主义道路的成功，开启了多元化发展道路的时代，是对人类社会发展规律的新探索，为全世界特别是广大发展中国家提供了一种可资借鉴的发展道路。改革开放以来，我国人民用几十年的时间走过了西方几百年时间才走完的工业化城市化道路，迅速成为世界第二大经济体，不仅在经济上创造了令世界惊叹的“中国奇迹”，也为发展中国家探索出了一种新的发展道路。党的十八大以来，以习近平同志为核心的党中央总揽全局，推进对外开放理论和实践创新，确立开放发展新理念。我国社会主义现代化之所以能走在持续健康发展的道路上，关键在于将创新作为引领发展的第一动力。站在新的历史起点上，实现“两个一百年”奋斗目标、实现中华民族伟大复兴的中国梦，必须适应经济全球化新趋势、准确判断国际形势新变化、深刻把握国内改革发展新要求，以更加积极有为的行动，推进更高水平的对外开放，加快实施自由贸易区战略，加快构建开放型经济新体制，以对外开放的主动赢得经济发展的主动、赢得国际竞争的主动。[①] 从国际上看，经济全球化深入发展，国际经济合作和竞争格局加速演变。从国内看，加快培育竞争新优势成为我国开放型经济的发展方向。从我国同世界关系上看，我国与世界的关系在发生深刻变化，我国在国际舞台上的地位和作用大幅提高，中国日益成为世界乱局中的稳定器、变局中的正能量。

习近平总书记指出，文化是一个国家、一个民族的灵魂，文化兴国运兴，文化强民族强，没有高度的文化自信，没有文化的繁荣兴盛，就没有中华民族伟大复兴。[②] 中国共产党在马克思主义中国化过程中，不仅自觉地坚持用社会主义文化为中国传统文化提供变革的动力，而且自觉地用中华优秀传统文化为发展马克思主义注入丰厚本土文化滋养。我们要努力从中华优秀传统文化中汲取营养智慧，延续文化血脉，萃取人类思想精华，创造性转化和创新性发展，为人类对更好社会制度的探索提供中国方案。中国特色社会主义文化，是以社会主义核心价值观为灵魂，以中华优秀传统文化为底蕴，中华优秀传统文化是中华民族的“根”和“魂”，是最深厚的文化软实力，是中国特色社会主义植根的沃土，是我们在世界文化激荡中站稳脚跟的根基，如果丢掉了这个“根”，

---

① 《习近平谈治国理政》第二卷，外文出版社 2017 年版，第 99 页。

② 《习近平新时代中国特色社会主义思想三十讲》第十八讲，学习出版社 2018 年版，第 194 页。

就会割断自己的历史传承和精神命脉。传承弘扬中华优秀传统文化，要推动传统文化与现实文化相融相通。文明因交流而多彩，文明因互鉴而丰富，对各国人民创造的优秀文明成果，应该采取学习借鉴的态度，积极吸纳其中的有益成分。[①] 但中华传统文化，从整体上看是一种前现代文明的文化，需要进行革新，社会主义恰好就是这样一种革新的力量。

处理好改革发展稳定的关系。党的领导是中国特色社会主义最本质的特征，她为我国的现代化建设提供了稳定、强大的政治领导力量，避免了照搬西方多党竞争可能导致的社会失序和政局动荡。我国在推进社会主义现代化进程中，始终重视处理好改革发展稳定的关系，强调改革是动力、发展是目的、稳定是前提，改革和发展要有稳定的政治和社会环境。只有坚定不移地推进发展，才能不断增强综合国力和国际竞争力；只有坚定不移地推进改革，才能为经济和社会发展提供强大动力；只有坚定不移地维护稳定，才能不断为改革发展创造有利的条件。可以说，注重把改革的力度、发展的速度和社会可承受的程度统一起来，做到在政治和社会稳定中推进改革和发展、在推进改革和发展中实现政治和社会长期稳定，这是我国现代化平稳有序推进的一条重要经验，为发展中国家走向现代化提供了中国方案。

---

① 《习近平新时代中国特色社会主义思想三十讲》第十八讲，学习出版社2018年版，第208页。

习近平总书记在庆祝改革开放40周年大会上的讲话中指出，改革开放40年的实践启示我们，中国共产党领导是中国特色社会主义最本质的特征。正是因为始终坚持党的集中统一领导，我们才能实现伟大历史转折、开启改革开放和中华民族伟大复兴新征程。与此同时，党和政府高度尊重世界各国在长期交往互动中形成的规则系统，作为世界和平的建设者、全球发展的贡献者、国际秩序的维护者，我国顺应了世界历史发展进程，在全方位对外开放中倡导构建人类命运共同体，推动经济全球化朝着更加开放、包容、共赢的方向前进，为人类社会发展、经济繁荣提出了新方案，贡献了新智慧，提出增添了新动力。

后 记

党政军民学，东西南北中，党是领导一切的。作为有着100年历史、执政70多年、拥有400多万个基层组织、9000多万党员的世界上最大的政党，中国共产党为什么能够创造如此震撼的世界奇迹？历史和人民为什么会选择中国共产党？为回答这些问题，牢固树立“四个意识”，坚定“四个自信”，自觉做到“四个服从”，坚决维护习近平总书记作为党中央的核心及其在全党的核心地位，坚决维护党中央权威和集中统一领导，我们组织编写了《大党魅力》。

本书由张燕、周书焕主编。全书由张燕撰写提纲，各章撰稿人依次为：第一章，周书焕；第二章，李小奎、周书焕；第三章，姜曙；第四章，刘晓婉；第五章，周保清，皇甫振乾；第六章，陈霞、周书焕；第七章，任春雷、周书焕；第八章，郭涛、孙运德；第九章，王广飞、张鑫；第十章，周书焕；第十一章，胥正富、周广强；第十二章，王征、游庆涛。张燕、周书焕、孙运德对全书进行了统稿和校对。本书的撰写得到国防大学学科学术带头人洪保秀教授的精心指导，在此表示感谢。

本书在撰写过程中，我们参考借鉴了众多专家学者的学术研究成果，在此一并表示感谢。由于时间仓促、水平有限，本书难免有疏漏不足之处，敬请读者朋友批评指正。